金融市場

Man vs. Markets
Economics Explained (Plain and Simple)

這樣比喻你就懂

33個神比喻，讓你讀懂金融市場的遊戲規則與陷阱

派帝・赫希 Paddy Hirsch 著

吳書榆 譯

U0140029

致謝

　　我要感謝每一位幫忙催生這本書的貴人，尤其是我出色的經紀人：琳達卻斯特文學經紀公司（Linda Chester Literary Agency）的蘿莉・福克斯（Laurie Fox），而有我的編輯：哈潑柯林斯出版社（HarperCollins）的柯琳・羅瑞（Colleen Lawrie）。感謝南西・莉蓮安索（Nancy Lilienthal）、陳達琳（Darlene Chan）和法蘭克・德帕馬（Frank DePalma）為我引見南西，感謝布蘭登・紐曼（Brandan New man）和道格・克瑞斯納（Doug Krizner）在整個撰寫編輯過程中提供的構想、回饋和支持。

　　我要特別感謝《市場報導》的所有員工，感謝他們的同事之情和朋友之誼，也感謝他們協助製作〈白板〉節目，正是這個節目讓我發現必須要寫這本書。達拉西・麥克利斯（Dalasie Michaelis）和理查・柯爾（Richard Core）在最初創作〈白板〉時出力甚多——是他們提出構想，把第一部影片放到網路上；而達拉西、安琪拉・金姆（Angela Kim）和達瑞爾・帕拉納達（Daryl Paranada）表現出色，多年來讓我在鏡頭前容光煥發。感謝傑傑・尤瑞（JJ Yore）支持我參加進修研究，讓我在時間上與心靈上都有空間寫作本書。

　　感謝卡麗卡・娜西恩・葉（Kalika Nacion Yap）伸出援手，協

助我制訂網站與社交媒體策略，也要感謝蒙妮卡·哈洛威（Monica Holloway）與麥克·普瑞斯（Michael Price），謝謝他們無條件又熱烈的支持與鼓勵。感謝吉姆·貝丁格（Jim Bettinger）、唐恩·葛拉西亞（Dawn Garcia）、潘·瑪波斯（Pam Maples）以及2011年騎士研究院（Knight Fellowship）的所有員工與同仁。那年我和他們在史丹佛大學待了一整年，幫助我透過不同角度看清世界、看透自己，也讓我擁有了寫作本書必備的資源——更別說我因此認識了出色的漫畫記者丹恩·阿契爾（Dan Archer），他的插畫讓本書生色不少。

最後、也是最重要的是，我要感謝艾琳（Eileen），感謝妳的愛和永不間斷的忠告，也感謝妳在我最需要的時候讓我敢有骨氣，挺起腰桿。

推薦序

　　什麼？你說什麼？你不需要了解市場，因為你根本不在市場裡面？喔！那……好吧！你就別擔心你的退休金了；或是你家青少年的大學基金；或者你叔叔買給這個孩子當出生賀禮的美國國庫券。你有沒有銀行帳戶？有沒有保單？有沒有信用卡？有沒有……喔，我可以一直列舉下去，但我想你懂我的意思了。

　　在繼續談下去之前，先讓我們開宗明義來聊一個嚴重的錯誤概念。這個世界上沒有所謂單一的「市場」這種東西。當財經記者提到「今天市場的反應是……這樣那樣」時，實際上是在幫倒忙。在你即將要讀到的這本書中，作者會闡述：「市場」（請記住這是複數的概念，實際上有很多個市場）是一隻通常刀槍不入而且不時勃然大怒的多頭怪獸。市場無法永遠都運作到恰到好處的最佳狀態。有時候市場會太過頭，更有時候市場根本連動都不動（請想一想2007年到2008年的美國金融市場崩盤），但市場很重要。而且，人無法擺脫市場。

　　人們常說市場（亦為複數）基本上就是在賭博。機率是和一般的投資人作對，散戶完全沒有機會賭贏。這不完全是真的。沒錯，你在本書中接下來會讀到，在整個金融體系裡面，金融機構多半是贏家。有時候你會覺得全世界都在跟你對賭。還有，當

然，專業投機分子總是能搞砸本來看起來很合理的交易。但日復一日，讓市場動起來的力量，卻仍是一般散戶投資人手握的資金（可能是透過退休金基金、房貸或幾十種其他交易）。

最後要說的是，本書的書名可不是隨意亂取的。從最直接的字意來看，投資活動正是人和經濟學（市場）之間的拳擊賽。市場（複數）不歡迎膽小鬼。市場也不歡迎順便玩玩或偶爾路過的人。市場要求你要拿出一定程度的專注力，但並不在乎你人在或不在市場裡（或是你以為你在或不在）。你可能說不出道瓊工業指數的數值或不想管什麼是選擇權，但不管你走的是哪一條路，有些東西你不知道會害了自己，而且你從本書裡學到的知識將大有助益時，請相信我。

——凱伊・瑞斯達爾（Kai Ryssdal）

簡介　金融小舖

　　我有一位朋友（姑且叫他譚吧），1970年代他還是年輕力壯小伙子，那時他就從東南亞來到美國。他最愛講他們家人頭一次上超市的故事。他還記得他們走進店裡，放眼望去是一列列的商品，五顏六色應有盡有，比彩虹還鮮豔。他和家人嚇傻了。他們站在那裡，眼睜睜地盯著一列又一列的蔬菜水果、罐頭、大包小包。他們需要一些雜貨，但是店裡無窮無盡的品項讓人不知所措，他們只能兩手空空離開。

　　隔天，譚的母親和鄰居一起去店裡，鄰居告訴她哪裡可以找到他們家熟悉的東西，以及他們會覺得很好用的新產品。她教

他們如何在店裡穿梭自如，如何找到需要的產品，指出他們之前常見的商品放在哪兒，並推薦代替品取代他們在故鄉用慣了的東西。很快的，爸爸、媽媽和所有小孩都把這家店弄得一清二楚了，就像對自家一般瞭若指掌。不久之前，他們居然還抱怨這家店產品種類過多，而且沒有他們故鄉常見的東西哩。

謝天謝地，還好有這位好心的鄰居，她讓我朋友一家明白，雜貨店沒什麼好怕的。換言之，她揭開了市場的神祕面紗。

《金融市場這樣比喻你就懂》這本書的用意，是要效法這位鄰居：成為指南，告訴你金融市場並不像第一眼看起來時那麼嚇人。事實上，如果你靠近一點看，市場裡發生的很多事都眼熟得很：出現在金融世界裡（以華爾街為代表）的事，實際上也出現

在全世界千千萬萬家庭裡，只不過前者是更深入的版本。

當多數人聽到金融「市場」一詞時，馬上想到的就是股票市場。這是因為股票（或者說公開上市公司的股份）是金融世界裡最搶眼的投資標的。股票有點像是美國超市裡的蘋果：在店面的中心區堆成一座小山，而且一整年都買得到。

兩個互相牽連的理由，導致股票在一般美國人的認知裡具有極重要的地位。其一，持有股票的美國人數眾多，可能是直接持有或是透過退休金帳戶持有。根據美國投資公司協會（Investment Company Institute）所做的研究顯示，多達五成的美國人持有股票。其次，由於美國股民龐大，媒體因此投入大量心力關注股票的績效。這也正是為何美國有這麼多新聞都在報導道瓊工業指數（Dow Jones Industrial Average）或標準普爾五百指數（S&P 500）的走勢；英國媒體報導富時一百（FTSE 100）的波動；日本的版面則經常可見日經二二五（Nikkei 225）的消息。

然而，就像超市裡可賣的東西遠遠不只一堆又一堆的蘋果，金融市場裡能找到的也不光是股票這種工具而已。債券、期貨、交換（swap）、貨幣市場基金、擔保債權憑證（collateralized debt obligation）、貨幣等等，讓人眼花撩亂：金融市場裡的銀行家們想方設法不斷開發新產品推銷給投資人，堆疊出各式各樣奇奇怪怪的金融工具。

《金融市場這樣比喻你就懂》將要帶你徹底繞一繞，檢視貨架上的這些產品。本書將會說明架上的每一種產品在幹什麼、是如何創作出來的，以及如何操作。到最後，你將會更了解市場如何運作、誰會去買哪些東西以及背後的理由是什麼。就像譚一家人一樣，你很快就能分辨哪些產品很安全，哪些產品有風險，也會懂得如何去分辨市場的缺失。

目錄

第**3**章　**銀行家坐頭等艙，股東只能坐 經濟艙**　77
企業的資本架構

第**4**章　**感恩節訂火雞真是一場 邪惡交易**　89
衍生性金融商品Ⅰ：期貨、選擇權

目錄

第8章 打開美國政府的財政大門　163
聯準會、財政部及政府如何介入

第9章 華爾街巫師們的神來一筆　197
消費性負債、證券化與影子銀行體系

目錄

第10章 貪婪宿命與浩劫重生　227
金融市場的衰敗與復興

有市場就有規則　263

三隻小豬股份有限公司

股票、股份以及股權的交易

理想狀況下，一家企業開張大吉，開始生產產品，吸引客戶，然後就財源滾滾。可惜，事情不見得總是這麼順利，企業常會發現他們需要從自身以外的地方找資金：**投資人。**

　　基本上，投資人可以透過兩種方式投資一家公司：他們可以買進該公司的股份，或者，他們可以借錢給該公司。

三個持股人

　　多數人都聽過「三隻小豬」的故事。這三隻豬兄弟各自蓋了一間屋子：一間草屋、一間木屋、一間磚屋。在迪士尼的版本裡，大野狼三兩下就把前兩棟屋子收拾得一乾二淨，讓兩位屋主飛奔去找小弟，躲進磚屋裡。我們看到的結局是，小弟很歡迎兩位哥哥，並提供庇護讓哥哥們免受大野狼的殘害。

　　但我敢打賭，如果沒有得到任何回報，這位豬小弟（且讓我們叫他卡斯伯特，和中世紀英國的聖人同名吧！）不會讓他的手足（就叫挖牆角和攪家精吧！）和他一起過日子。要蓋這棟磚屋，可要花掉很多時間、精力和金錢！卡斯伯特得去貸款才買得起建材，也才有錢付給所有小動物工人，這表示，他每個月都要付利息。以下就是我想像中小豬三兄弟關於安排住所的對話：

豬小弟卡斯伯特：如果你們要住下來，就要付錢。

豬大哥挖牆角：你是說付房租嗎？

卡斯伯特：不是，我才不信你們這兩個遊手好閒的傢伙
會每個月乖乖付錢。

豬二哥攬家精：那到底要怎麼樣？

卡斯伯特：我蓋這棟房子花了6000元。如果你們和我一
起分攤費用，一個人付我2000元，那麼，隨
便你們住多久都可以。住下來之後，如果房
子裡有地方需要維護和保養，也要我們一起
決定並分攤這些費用。

挖牆角：這代表我們可以和你一起住，永遠安安穩穩不
受大野狼打擾……價錢是2000大洋整，再加上
每個月的維修費？

卡斯伯特：對，差不多是這個價錢。

挖牆角和攪家精（異口同聲）：就這麼說定了。

在這樣的安排之下，於是這三隻小豬就變成磚屋的**持股人**（**shareholder**）。

股份：部分所有權

股份（**share**）的概念很簡單，指的就是部分的所有權，也稱為**股票**（**stock**），或**股權**（**equity stake**）。

你可以持有任何標的物的股權：房子、汽車、畫作、公司；無一不可。

而且，持有股權很簡單：假設我決定要和朋友琳達一起做冰淇淋生意。我們分攤冰淇淋車、所有設備以及原料的成本。結果是，我和琳達成為我們這份小生意股份相同的持股人：我們各有50％的股權。

擁有企業股票的人以數十億計：2010年3月，《紐約時報》（New York Times）報導大約有一半的美國人都持有股份。但這些股份和三隻小豬持有的股份，或者我和朋友持有的冰淇淋股份有兩點重要差異。第一點，多數美國人持有的都是**公開上市公司**（**publicly traded company**）股票，而不是像我和琳達開設的**私人股權企業**（**private enterprise**）。而且，股民持有的股份在公司價值中的占比堪稱九牛一毛，不像我們各擁50％。

私人股權企業如何公開上市？為什麼股民持有的股份僅占公司價值的極低比例？

以股份募資

且讓我們更貼近檢視我的冰淇淋生意；就容我把這家店命名為**傑利輝**吧。一開始，傑利輝是一家私人股權企業，兩位業主分別是我和琳達。幾年後，我們大展宏圖，生意興隆。有一天，我們決定把一家競爭對手買下來，但手頭上的錢不夠。基本上我們有兩個選擇：可以去貸款，或者把公司的股份賣掉換現金，藉此募資。

不幸的是，如果一家公司只有二股，一股分別為公司價值的50％，這就難辦了；只出售公司的一小部分，會簡單得多。因此，為了讓傑利輝更容易分割，我們把公司分成100萬股。現在，我們兩人仍各擁公司的一半，但這意味著我們各有50萬股。

　　我們的計畫是賣掉八成的傑利輝，即相當於80萬股，然後每個人各保留10％，換算下來是10萬股。同樣的，我們也有很多種選擇。我們可以把這80％的股權賣給一位或一群特定私人投資人。如果我們這麼做，這家公司仍是一家私人股權公司，我們的買主便是所謂的**私募股權（private equity）投資人。**

　　我們還有一個選擇，就是上市，即成為公開上市公司。在這種情境中，我們還是要把傑利輝的股權賣給一群投資人，但我們是透過公開市場操作，而且是賣給我們不認識、也可能永遠不會認識的不特定人們。

交易所vs.店頭市場

　　當大企業公開上市，他們會在如納斯達克（NASDAQ）與紐約證券交易所（New York Stock Exchange）等等**交易所（exchange）**

東印度公司

第一批出售股份的公司是歐洲的貿易公司，這些公司在16、17世紀派船前往印度和亞洲貿易。一開始，投資人借錢資助每一趟旅程，但這是一門風險極高的生意：船隻經常消失在海上，很多投資人因此血本無歸。所以，很難找到人願意掏出大筆現金，以支應船長購置船隻裝備與支付船員薪水所需。

1599年，英國的船東集結起來組成了一個組織，名為東印度公司（East India Company）。買下這家新公司股份的人，現在相當於投資每一趟航程，而不再是對單一趟的船運下注。

只要他們還持有股份，時不時都會分到一部分的公司利潤。當然啦！如果他們想的話，也可以把這些股份賣給別人。

掛牌（list）。要能夠掛牌，企業必須提出過去的實績、達到一定的規模，而且還要有一定的獲利。小型企業則在所謂的**店頭市場**（over-the-counter）交易。企業在選擇交易所時有點像是養蜂人在做銷售決策：養蜂人可以透過超市鋪貨，也可以在本地的街頭市場銷售。超市會訂下各種標準和關卡，待售的蜂蜜要一一通關才能上到貨架。養蜂人也要保證足量供應蜂蜜，有能力履行合約。交易所就好比是超市，受到嚴謹的規範，有各式各樣的要求。當你要在街頭叫賣時（如果出售的標的是股票，那就是在店頭市場），管控就少很多。所以說，在街頭叫賣會比較單純，在店頭市場也是。缺點是，你的客戶會少很多。如果你希望有很多人來

買你的產品，那麼，去找一個購物人潮絡繹不絕的地方對你來說比較好。如同多數養蜂人樂於和超市訂約，多數企業也通常渴望在交易所掛牌，原因就在此。

這麼說來，市場很單純就是一個供人們聚在一起買賣的地方，不論標的物是蜂蜜還是股份。市場可以指實體市場，比方說你家附近的本地跳蚤市場，或是紐約證交所的交易現場；當然，市場也可以指電子市場，比方說拍賣網站eBay，或者總部設在堪薩斯市的交易所BATS。市場可以是公開市場，比方說紐約證交所，社會大眾每天在電視上都看得到市場動態；市場也可以是私人的，僅包含兩個人。有些人很喜歡私人性質的交易，喜歡透過克雷格清單（Craigslist；譯註：美國的一個網站，可說是分類廣告的網路版）。但多數人比較願意在更公開的市場裡從事買賣。

透明度對大家都有益

舉例來說，如果你想在eBay上從事交易，你可以看看近期有多少類似的商品出售。這稱為**透明度**；透明度意指你能針對某件事獲得最多的資訊，而最重要的是或許就是價格了。當人們在市場上購買蜂蜜時，他們喜歡知道別人付了多少錢。如果無法得知，就比較不會買。小攤子如果沒有標出價錢，而且每一個人付出的價格會因為和攤商的交情不同而有異，這種時候多數人都會

猶豫，不願購買。同樣的道理也可以套用到股份上：買方會去無時無刻都有股份交易、而且股價一覽無遺的地方逛逛。如果他們無法快速且輕鬆地找到股價，就很可能什麼都不買。各證交所之所以認為必須永遠顯示最即時的股價，就是因為這個道理。

毋需爭論，具備透明度對任何市場的買家而言都是好事：他們可以知道每一個賣家開價多少，可以到處比較尋找最好的價格。透明度也有益於賣方：人們比較可能在透明度高的市場做生意，他們相信自己在這裡不會被扒好幾層皮。而當賣方可以看到競爭對手的價格時，透明度又會帶來另一層好處：賣方可以更精確地調降自己產品的價格。

理想的市場要流動順利

透明度、精準的定價與賣家之間的競爭，都會吸引買家。買家又會引來賣家，當更多的買賣雙方匯聚一堂時，要買賣股票就更輕鬆了。金融界的業內人士把這種現象稱之為具有**流動性（liquidity）**：一個「**有流動性的市場（liquid market）**」，指的是能順利、快速完成交易的市場。這種市場類似舞池，一對對儷人踩著優雅舞步，跳著傳統的探戈與華爾滋，跳這類舞步要有一方領舞、另一方跟隨。喜歡領舞的人想去的舞池，是他知道能找到很多人跟著他的地方：相當於替自己的舞蹈技巧找一個具有流

動性的市場。反之，樂於跟隨的人，就喜歡到他知道能找到很多人願意領舞的場合。當眾多領導者與追隨著相聚一堂時，整個舞廳裡就會滿滿都是舞者，翩翩舞著華爾滋。

但如果舞廳裡多數人都想要領舞，只有少數人願意跟隨，那這就是一個「**不具流動性的市場（illiquid market）**」，只會有少數幾對出現在舞池裡，多數的領舞者都在一邊乾耗著，盼著能找到一個能與他共舞的跟隨著。舞者就好比是證券交易的買賣兩方，他們起舞的舞廳當然便是交易所。

透過指數衡量市場表現

說到這裡，值得提一提交易所（如紐約證交所或納斯達克）與**指數**（如道瓊工業指數與標準普爾五百指數）之間的差別。交

易所是供人買賣股票的地方,指數則是由一些公司的股份所組成,這些成分股可以是在不同交易所掛牌的企業。

多數大型店面都有一些僅在該店內才銷售的專屬商品,例如:科克蘭(Kirkland)產品線是好市多(Costco)的專有品牌,或者家樂福(Carrefour)也有店內自有品牌。交易所的作法也一樣:在某個交易所內買賣的股份,就只能在這些特定地方交易。反之,指數就像是一張清單,列出各個交易所裡交易的「最大宗」產品。道瓊工業指數包含30家在美國交易的大型企業,其中有些在紐約證交所掛牌,有些則在納斯達克掛牌。標準普爾五百指數則包含了500家在紐約證交所與納斯達克交易最熱絡的企業。

想像一下,假設有一個人決定編製一張清單,羅列出好市多、頂好超市、大潤發與家樂福最暢銷的自有品牌商品。你可以追蹤這些產品一整天的銷售總成績,然後製成圖表。編製指數(例如道瓊工業指數)的人,正是這樣做的;差別在於,他們計算的是買賣了多少公司的股份,而不是幾包糖或幾條麵包。因此,當你聽見新聞記者或分析師提到道瓊指數或標普五百指數的漲跌時,他們談的就是這些圖表的變化。投資人可以善用指數,來衡量大盤或其中部分市場的表現。舉例來說,道瓊與標普指數都著眼於大企業,納斯達克一百(NASDAQ 100)追蹤科技公司,羅素二千(Russell 2000)指數則由小企業組成。有一個比喻應該有助於理解:如果把市場大盤想成人體,那麼指數就像是體溫計上

的讀數。把體溫計放在身體的中心部位，你讀到的數字會不同於你量到的手溫或腳溫。正因此，幾乎將市面上每一檔股票都納入考量的威爾夏五千（Wilshire 5000）指數，其數值就不同於著重科技的高盛半導體指數（Goldman Sachs Semiconductor Index）。

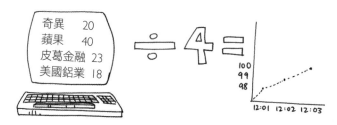

成交量影響市場波動

更貼近觀察任何指數，你會發現追蹤指數長期績效畫出的趨勢線很少是直線。通常都會上上下下，有時候還可能像雲霄飛車一樣。當軌跡高低起伏非常明顯時，金融界業內人士便說這樣的**市場波動很大（volatile）**。當從事交易的人不多，比方說因為市場缺乏流動性，或者因為大家都度假去了，此時常常會出現**波動性（volatility）**。用我們之前的舞廳比喻來說，這就好像少數幾對下場跳舞的人擁有了整個舞池，因此他們可以來來回回迴旋、跳躍，如入無人之境大跳華爾滋。但如果舞廳裡人已經滿了，就比較難隨心所欲。舞者會受限制，僅能在小範圍裡展伸手。

　　在市場裡，如果只有一些人從事交易，買賣的股份數目（稱為**成交量**〔trading volume〕）就會下滑。成交量低，交易者就比較容易影響個股、甚至指數的變動方向，就好像舞廳裡人不多時比較容易讓起舞的伴侶們到處轉。

恐懼與貪婪也隨市場波動

　　成交量並非主導波動性的唯一因素。投資人的情緒（或者說對市場的信心）也大有關係。金融市場有句話說，交易時其實只有兩種情緒：恐懼與貪婪。在特定的時點，市場會因為其中一種情緒主導大局而起落。如果大家都認為某家公司陷入困境，恐懼席捲人心，他們就會開始賣出。如果他們認為自己找到價廉物美的好股票，貪婪就會出現了，而大家就會開始買進。

　　人類是情緒化的動物，非但如此，還很容易受他人影響。

當我們看到一群人在街上瘋狂地衝，自然的反應就是加入人群，而不是背道而馳。同樣的道理也可以套用到許多投資人身上。當他們看到有人大賣某家公司的股票時，就會想著：「其中必有問題！」然後他們就賣了。當他們看到別人掃貨時，也會跟著買進。但並非所有投資人的行事風格都如出一轍。好的投資人會花時間做功課，判斷某家公司的股價是否合理。功課做得好，能協助他們判斷是要跟著眾人起舞，還是要特立獨行。這也可能幫助他們判斷某檔股票是要漲了還是該跌了，因此現在是要**做多**（**long**）還是**做空**（**short**）。

　　賣空型投資人融券後賣出，他們盼望的是股價未來會跌。一旦跌了，他們就能以較低的價格買回股票（這叫**回補空單**〔**cover the short**〕），把股票還給本來的擁有者（這叫**平倉**〔**close the position**〕），並且把差價入袋。

> ### 做多與做空
>
> 做多與做空是股票交易員的用語，用來描述他們的盤算。
>
> 「我做多蘋果（Apple）。」意味著你打算買入蘋果公司的股票，持有一段相對長的時間，等待之後漲價時才出售。換言之，你賭的是這些股票會漲。
>
> 「我做空美國電話電報（AT&T）。」指你賭這檔股票將來會跌。你靠著做空，在這個賭注上賺一筆。

做空手法

我們之前提過的豬大哥挖牆角，便是做空的老手。事實上，當他還是一隻小豬的時候，他就利用棒球卡玩這套手法了。

挖牆角：嗨，卡斯伯特，把你的羅傑・馬利斯（Roger Maris）卡借我。

卡斯伯特：好。但先講好，我下個月底時想要拿回來。

挖牆角：沒問題，小老弟。

卡斯伯特：不准這樣叫我。好難聽。

當天下午，挖牆角和他的好朋友朱利歐在公園碰頭。

挖牆角： 嗨，朱利歐，我手上有你想要的羅傑·馬利斯卡喔！我的好朋友，只要你出15元，那就是你的了。

朱利歐： 挖牆角，我確定你一定是用卑鄙手段弄來的，但我還是會出10塊。

挖牆角： 成交。

當天晚上，大家一起看球賽時…

卡斯伯特： 喂，我想看一下我的馬利斯卡。

挖牆角： 不在我手上。

卡斯伯特： 這是什麼意思？那卡片在哪裡？

挖牆角： 我賣掉了。

卡斯伯特： 你賣掉了？！我只有這一張馬利斯卡耶！

挖牆角： 放輕鬆嘛！再過幾天，馬克·麥奎爾（Mark McGwire）或桑米·索沙（Sammy Sosa）就會打破全壘打紀錄了，到時候馬利斯卡只值兩毛錢。不信你等著看吧，小老弟！

卡斯伯特： 我不是叫你不准那樣叫我嗎？

果不其然，麥奎爾和索沙都打破全壘打紀錄了。兩天後，挖

牆角和朱利歐又在公園碰頭。

> **朱利歐**：我的好兄弟挖牆角！我想問問你有沒有興趣用8
> 塊買下羅傑・克萊門斯卡（Roger Clemens）？
> **挖牆角**：你乾脆提高價錢，用20塊賣給我一張索沙卡算
> 了！這樣吧，我付你5塊，買回昨天我賣你的馬
> 利斯卡。
> **朱利歐**：5塊？我可是知道你是用詭計才弄來的！算了，
> 就這樣吧。錢拿來。

挖牆角回家，把卡片還給卡斯伯特。剩下的5塊自己留著。

融券風險

如果棒球卡的市場走勢如挖牆角所預測，那一切都會很順
利。但如果索沙和麥奎爾沒有轟出該有的全壘打，那怎麼辦？如
果馬利斯卡後來價格漲到20塊，那又該怎麼辦？多數賣空股票的
交易者都是向券商融券，而這些股票就像是抵押品一樣。當股價
上漲，交易者就會出現帳面損失；以挖牆角為例，當馬利斯卡漲
到20塊時，他的帳面損失就是10塊。當交易者**輸光**時，券商就會
很緊張，他們通常會要求交易者提供更多擔保品。

卡斯伯特：你的如意算盤可是打錯了。看起來大家還是最愛馬利斯！今天我遇到朱利歐了。他要你付15塊買回我的卡。甚至考慮要喊到20塊。

挖牆角：我會拿回來的，我保證。

卡斯伯特：你或許有辦法拿回來，或許沒辦法。不管怎麼樣，我都要先買保險。你先給我10塊，等你把卡還我時我再把錢還給你。

如果交易者手邊有多餘的資金，很容易就能達成券商發出的所謂**擔保品追繳通知（collateral call）**。如果沒有，交易者就要**平倉**，以較高的價格買回股票還給券商。

犯錯的代價：追繳保證金

很多交易者向券商融資買股，賭的是股價日後會上漲。

這是所謂的**保證金（margin）**交易，這類交易的風險和賣空的風險一樣大。

如果股價跌了，券商會擔心他們可能沒辦法把錢收回來。因此，他們會要求提供更多擔保，通常的形式是現金或其他證券。這樣的要求稱為**追繳保證金通知（marginal call）**。

追繳保證金通知通常會導致股價急挫，因為交易者必須償債，常常會急著賣出手上的股票。

挖牆角：可是我沒有10塊，小老弟。

卡斯伯特：那我建議你最好撥這幾個號碼，想辦法在價
　　　　　格還相對便宜的時候把我的卡從朱利歐手上
　　　　　弄出來……小老哥。

挖牆角：嗨，朱利歐，不好意思這麼晚還打電話給你，
　　　　　可是我需要趕快把那張卡從你手上買回來……
　　　　　什麼？25塊？你開玩笑吧！……等一下啦，好
　　　　　啦，好啦，25就25。

軋空與無券放空

　　賣空型投資人一旦賭錯方向，就會需要回補大量的股票，這
會引起一連串連鎖反應，稱為**軋空**（short squeeze）：投資人需要
股票，因此拉高了股價，券商因應股價拉高的反應是，堅持其他
賣空的投資人要提供更多的擔保。而這些人又回過頭來必須回補
該檔股票。一波又一波的需求把股價推得更高，循環不絕。愈多
下錯賭注的投資人倒下，就軋得愈緊。

　　無券放空（naked short）的作法，是指「賣出」一開始就沒
有借到的證券。假設一開始卡斯伯特拒絕把卡片借給挖牆角。

挖牆角： 嗨，朱利歐，我可以賣給你那張馬利斯卡，只
要10塊。

朱利歐： 好。錢拿去。卡呢？

挖牆角： 我弟要去遠足，三天後才會回家。我保證三天
後就把卡給你。

朱利歐： 你又耍花樣了。我就知道。但是算了。如果你
後來不賣了，那我會跟我哥說，到時你就會倒
大楣了。

朱利歐掏錢。三天後，麥奎爾和索沙變得很搶手，挖牆角得
以用5塊向另一個朋友買到馬利斯卡。他把卡交給朱利歐，履行承
諾，口袋裡還留下了5塊。好險！如果市場反其道而行，他就得到
處去追出一張馬利斯的卡，花掉一大筆讓他豬心淌血的大錢，才
能履行對朱利歐的承諾。

普通股與優先股

大部分在交易所交易並成為指數成分股的股份，都是**普通股**
（**ordinary share 或 common stock**）。雖然股份很普通，但擁有股
份的人卻能獲得非凡的待遇。

其一，普通股的持股人對公司董事會所做的決策擁有投票權，

工廠

投資人

利潤

就算只持有一股也一樣。其二，普通股持股人通常會獲得配發股利，這是從公司賺得的利潤中分一杯羹。如果傑利輝冰淇淋公司有獲利，我可以把這些錢再投資到公司裡，或者，我也可以把這筆錢拿來分配給股東們。發放股利是報答股東對公司有信心，也有助於推高市場股價。儘管並非每一家公司都會發**股利**，但投資者都愛股利，很多企業都會盡力而為。

　　普通股之所以名為「普通」，是因為要和**優先股（preferred stock）**有所區別。優先股也在交易所交易，通常拿到的股利較高。但這種股份的名稱有點混淆視聽，因為實際上它們根本不是股份；至少，這些股份不像普通股一樣，代表的是擁有公司的比例。

　　我喜歡把優先股想成老房子屋簷下或是窗戶旁的曲線造型裝

飾。看起來美麗精緻，讓整棟房子看起來更有價值，但我們也可以把這些裝飾拆下來丟掉，建築物本身並不會因此受損，因為這些曲線造型裝飾並非建築主結構的一部分。

股票分割

但另一方面，建築物的磚瓦卻是基本要素。一磚一瓦堆砌起來的總和，才是一棟建築物，同樣的道理，一家公司的普通股加總起來的結果便是這家公司。企業靠把這些磚瓦（股份）賣給投資人，藉此募得資金。當然，問題是，能夠拿出去賣的磚瓦就是這麼多，於是金融界人士想出了一些很有創意的方法來因應這個問題，請看接下來的「三隻小豬」故事（導演親自剪輯珍藏版）怎麼說。

　　卡斯伯特、挖牆角和攬家精現在安安穩穩地住在磚造小屋裡，每一個人都握有一份憑證，載明三兄弟各自擁有三分之一的產權，這讓兩個大的覺得很安心、很得意。他們想著，現在自己可是地主了，只需要做點兼職工作就好了，讓他們養成習慣在家裡混日子。

　　挖牆角傍晚時會去賭博，有一天早晨，他慢慢走進廚房，看起來就像綿羊一般軟弱（以一頭豬來說，這種情況非常罕見）。

挖牆角：恐怕我得宣布壞消息了，兩位兄弟，我昨晚輸了一屁股。

攬家精：說點新鮮的吧！這次又輸了多少？

挖牆角：1000塊。

卡斯伯特與攬家精（異口同聲）：什麼！？

挖牆角：好啦，我知道，很糟糕。

卡斯伯特：拜託告訴我你沒有簽下簽單。

攬家精：什麼叫簽單？

卡斯伯特：就是跟賭場借錢。

攬家精：喔，拜託告訴我們你沒有簽下簽單，挖牆角。

挖牆角：抱歉啦，兄弟。我整整欠了1000塊。我想，我唯一能還掉簽單的方法，就是賣掉我持有的房子股份。

卡斯伯特：想都別想，絕對不可以。你不能回去住草
　　　　　屋！大野狼會把房子吹倒，我們也沒有立場
　　　　　保你一命，讓你免於變成培根。

挖牆角：很好笑，萬事通。那我們該怎麼辦？

卡斯伯特：我們引進一位投資人。

攬家精：可是我們只有三股。而且我才不要賣掉我的股
　　　　　份呢！

卡斯伯特：不用，我們把股份拆開。從現在開始，我們
　　　　　不是各自擁有一股價值2000元的股份，而是
　　　　　各擁有兩股，每股1000元。

挖牆角：我懂了！這樣一來，我可以賣掉我的其中一
　　　股，付清我的簽單！而且我還能保有一股。

卡斯伯特：這表示你還可以住在這裡。

挖牆角：哇！謝了，卡斯伯特。

攪家精：那麼，不管是誰買了這一股，都會住進挖牆角
　　　的房裡，對吧？

　　這三隻小豬所做的事，在一般上市公司稱為**股票分割（stock split）**。如果一家上市公司想要創造更多股數出售給投資大眾，但又不想改變每一位現有投資人持股的價值，就會分割股票。如果股價在分割前已經很高，這是很好用的方法。壓低每股的股價，股票很可能變得比較好賣，因為小額投資人比較能掏得出小錢買股。有些企業分割股票，就是基於小額投資人更能買下股票，可以期待股價會因此起漲。但結果會怎樣沒個準兒。

稀釋股份

　　還好，這三隻小豬無意拉抬這房子的價值。他們反而很樂於想方設法趕走新的投資人。新股東索爾是一頭臭兮兮的老豬，呼聲震天，逼得挖牆角只好睡到攪家精的房裡。最糟的是，索爾還把牛奶盒直接拿來灌，對著嘴喝大家的牛奶，把卡斯伯特氣瘋

39

了。有一天，趁著索爾外出工作時，卡斯伯特召開了一場會議。

卡斯伯特：這是最後一根稻草了。這頭噁心的老公豬居
　　　　　然咬了一口我沒吃完的煙燻牛肉三明治，還
　　　　　放回冰箱裡！我受夠了。我們要把他趕走。

攪家精：怎麼趕？他很大隻，還有很大的獠牙。

卡斯伯特：這不用擔心。我會讓他的日子很不好過，搞
　　　　　得他一點都不想再住在這裡。我要**稀釋他的
　　　　　股份**！

挖牆角：這話是什麼意思？

卡斯伯特：這是說我要創造出更多股份，然後賣給其他
　　　　　投資人。

攪家精：你是說，再分割一次嗎？

卡斯伯特：不，這一次，我們要在除了現有股份之外再
　　　　　發行新股。精準來說，是再發行六股。

挖牆角：啊哈！那現在這棟房子就分成十二股了。

攪家精：那又怎麼樣？

卡斯伯特：嗯，此時此刻，我們的房子價值6000塊，總
　　　　　共有六股，每股是1000塊。如果我們發行新
　　　　　股，每一股的價值就會變成500。

攪家精：那我們會拿到更多股份嗎？

卡斯伯特：不會，除非你要買下來。

攪家精：你的意思是說，我的股份價值會變成現在的一
　　　　　半，以後還會有六隻豬住在這棟房子裡？

卡斯伯特：這就是我的打算。

當天傍晚索爾回家時，卡斯伯特宣布，由於他們需要資金
整修漏水的屋頂及煙囪的破洞，因此得再賣掉六股。索爾很不高
興，因為一看就知道這是在**稀釋股份**了，但卡斯伯特強行表決，
三隻小豬一致舉起了他們的豬腳。

次級發行

一星期後，六隻還是學生的小豬住進來了。他們隨時隨地進
進出出，還在冰箱裡冰一些奇奇怪怪的東西。這些都叫索爾氣憤
難平，他很氣自己持有的股份價值被砍了一半，還得和別人共用
房間。有一天他把卡斯伯特逼到角落，要求三隻小豬用本來一股
1000元的價格把他的股份買回去。

卡斯伯特：400。

索爾：800。

卡斯伯特：500。

索爾：700。

卡斯伯特：600。

索爾：650。

卡斯伯特：成交。

達成交易後，索爾也走了。

　　業界實務上常見**股分稀釋**的作法。卡斯伯特的辦法，是用所
謂的**次級發行**（secondary offering）來出售股份（譯註：在第一次
發行之後，任何的發行新股活動均稱為次級發行）。次級發行讓
企業可以募得更多資金，但也更容易落入某些陷阱裡。現有投資
人痛恨看到自己的投資價值因為任何理由而減損，而且以潛在投

資人來看，稀釋股份也會損害公司，後者在意的是所謂**每股盈餘**（earnings per share，**簡稱EPS**）。要算每股盈餘，是先算出公司一年內的獲利，然後再除以股份總數。投資人樂見豐厚的每股盈餘數字，而且更重要的是，當他們發現這個數字長期下來愈見成長時，更是樂不可支。稀釋股份則會降低每股盈餘。

舉例來說，如果這三隻小豬利用這棟房子開一家會計師事務所，一年賺了6萬元，在次級發行之前，他們的每股盈餘就是1萬元（也就是用6萬除以六股）。在次級發行之後，每股盈餘剩下5000元。這個數值看起來就沒這麼誘人了，可能連老豬公索爾都興趣缺缺。

若企業認為次級發行對投資人股份造成的稀釋效應太嚴重，或是會損害市場對自家公司的評價，他們就會另覓他法，籌得他們需要的資金。金融業的銀行家想出各式各樣創新的方法，從投資人身上挖出資金（優先股便是一個很好的範例），然而，最常見的募資手法，或許要算是最古老且最單純的那一種：借錢。

Chapter 2

我的巧克力棒
換你的跳繩

借貸、利率以及債券市場

負債，或是另一種常用的說法叫**槓桿操作（leverage）**，在 2008到2010年金融風暴期間聲名狼籍；過度借貸的公司會搞出什麼樣的後果，當時讓全世界反胃不已。

但就算有些人過了頭，並不表示所有的借款活動都是壞事。有聽過一句英文諺語「His ship came in（他的船入港了）」嗎？指的是一個人從投資上拿到報酬或現金。這句話的源頭可以追溯到15世紀時，當時的投資人會出資贊助貿易船隻，出航到印度或更遙遠的地方。有些投資人用自己的錢冒險，但有些人則四處借錢投資，期望船隻回航時能載滿香料、絲綢和寶石，讓他們大賺一筆。很多船隻消失在驚濤駭浪之中，不知所終，但如果船隻終能返航回到故國港口，投資人便會欣喜若狂，賣掉貨物，順便償還負債。

確實，借錢是最古老的促進經濟成長動力之一。如果企業主沒有能力借到錢，那麼，英國、中國、葡萄牙、阿拉伯、西班牙以及其他多到難以一一點名的偉大貿易艦隊，就無法出航；如果工業革命時代的工程師得不到金援，現代拯救過許多寶貴性命的藥物和手術技術也無法問世了。

不同形式的債務

如今，我的公司傑利輝已經有了一座冰淇淋工廠和一輛輛的

冰淇淋車。現在，且讓我們假設一下，本地有一家冰淇淋小舖求
售。老闆要退休了，想要把他的店頂讓出去。這家店生意興隆，
潛力很高：地點鄰近海灘和幾所學校，還有一群死忠客戶。事實
上，這是一隻貨真價實的金雞母，我和琳達都心知肚明，如果買
下來重整旗鼓，我們可以賺到很多錢，足以用來添購工廠需要的
新設備。

但讓人難過的現實是，我和琳達手邊沒有足夠的現金，無法
把店頂下來。而且我們也不想賣掉自家公司的股票；我們想要用
現在的模式繼續經營傑利輝。這表示，想要籌得足以買下冰淇淋
小店的現金，唯一的方法就是去借錢。

借錢有很多方法：我們可以把全部的信用卡預借現金；我們
可以拿各自的房子去再融資，再度背負高額房貸以換來現金；我
們可以去向父母借錢；我們可以去銀行或信用合作社申請貸款；
如果我們規模夠大，也可以進入**債券（bond）**市場。

這些融資手法聽起來各異其趣，也被貼上不同的標籤，但基
本上都一樣，全都是不同形式的債務。而且不管你是一家企業向
銀行借錢，還是一個小孩向朋友借玩具，欠債就是欠債。

分享就是借出與借入

多數人還沒學會走路就先學著負債了。如果你對這句話有所

懷疑，請貼近觀察在校園裡玩耍的小孩們。玩得最開心的小孩，都是聽父母的話遵從大人鼓勵的小孩：分享。小孩彼此分享時，他們能交朋友、從事社交，並且逐漸成熟為一個全人。拒絕分享的小孩則要承受風險，到最後很可能無朋無友、孤僻隔離、出現反社會傾向與情緒障礙。

為人父母者絕不會說分享是壞事。事實上，分享不過就是借出與借入。安琪拉很快就學到，她不能因為吉米的玩具卡車看起來很漂亮，就自己動手去拿，得要等吉米同意把車子交給她才行，而安琪拉也要保證會還回去。

義務　　　　　契約

小孩很早就學到何謂**義務**（obligation）：吉米同意分享他的卡車，是因為他了解安琪拉有義務要歸還。安琪拉也知道她要負擔什麼義務。這是一種**契約**（contract），違反契約很可能以眼淚收場；這種結局很常見。

另一個因素把我們帶入事情的另一面，看到小孩所理解的負債背後：違反協議並違背應負的義務，是人的天性！

正是基於這一點，催生出了最基本的書面借貸合約：**借據**。

何謂借貸？

今天星期一，是過了一個長週末之後的第一個上學日，金姆帶著奶奶送給她的禮物到學校。以前，奶奶總是送給金姆一盒一百條裝的好時（Hershey）巧克力棒，但今年她認為金姆需要多多運動，於是改送她一條跳繩。

這條跳繩真是太棒了！繩子的材質是五彩繽紛的強化尼龍，兩邊還有鑲著珠珠的可轉動握把，所以轉起來很輕鬆，簡單就能跳出花式。金姆在遊樂場裡引來了一大群小朋友，她用新玩具炫耀自己的技術，直到另一個小孩湯尼走過來。

湯尼：嗨，金姆，我好喜歡妳的跳繩，好酷。

金姆：謝謝你的讚美。

湯尼：妳要不要用跳繩跟我換糖果？

金姆：你拿不出那麼多糖果的。以前度假時我奶奶會買給我100條巧克力棒，所以我覺得，這條跳繩就該有相同的價值：一條跳繩等於100條巧克力棒。

湯尼：妳說對了，我沒有這麼多糖果。但我可以跟你借跳繩跳跳看，等星期五再還給妳嗎？之後，如果我喜歡，我會請我爸爸買一條給我。

金姆：好啊，但你也要付出一些代價。

湯尼：多少？

金姆：一天一條好時巧克力棒。

湯尼同意了，寫下一張借據：

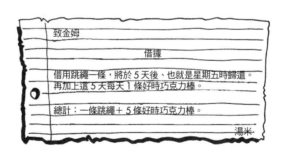

致金姆

借據

借用跳繩一條，將於5天後、也就是星期五時歸還。再加上這5天每天1條好時巧克力棒。

總計：一條跳繩＋5條好時巧克力棒。

湯米

借據不過是一張紙，但是在金融世界裡，「紙」這個詞可是威力無比：「紙」通常被用來當成債務的統稱，代替貸款或債券等用詞。

　　湯米的借據代表他和金姆之前達成的協議，湯米的義務是要償債。借據上說明了借貸的條件，包括**本金（principle）**是一條跳繩、**借貸期間（term）**為5天，**到期日（maturity）**是星期五，還載明了**固定利率（interest rate）**以及**付款條件（payment schedule）**、亦即一天要付一條好時巧克力棒。借據有點像是**條件書（term sheet）**，這一詞是銀行家用來指稱他們要貸款給個人或公司戶時擬定的文件。

利息收益

　　曾經和銀行借過錢的人，以前都聽過這些詞，但銀行的借貸部門還有另一個不那麼為人所知的用詞：**收益率（yield）**。

　　「收益」一詞，會讓很多人想起農耕，在農作物豐收季之後農民提到的收成。農民在田裡播下1噸的種子，如果一切風調雨順，這些作物會成長茁壯，幾個月內就可以準備收割。等到收成之

後，農夫算了算，他收穫了3噸穀物。而這3噸就是作物的收益。

　　放款人有點像農夫，差別在於是他們播下去的種子是錢。他們提供貸款，收取的「收穫」則是定期向借款人收到的利息。從這裡開始，放款人和農夫的角色就不一樣了，前者要面對的情況更加複雜。不同類型的放款人得到的收益也不同，我們在此討論最簡單、最常見的一種：**正常收益率（normal yield）**。正常收益，是放款人在一段特定期間內從放款當中收到的**利息收入（interest income）**，通常以原始貸款的百分比來表示。

　　以金姆和湯米之間的借貸為例，以下就是銀行家計算這筆借貸收益率的方法：

本金：	1條跳繩（價值為100條好時巧克力棒）
期間：	5天
到期日：	星期五下午
利息：	1天1條好時巧克力棒，5天都要支付
正常收益率（以日計）：	1條好時巧克力棒 ÷ 100條巧克力棒＝1%

正常收益

一般的房貸與助學貸款正常收益率，就是用這種方法算出來的，差別在貸款是以年率來計算。所以，很多放款業的從業人員都把正常收益率稱為**年息率**（annual percentage rate，**簡稱APR**）。

哇！只要讀一讀上一段的說明，我們很容易就會明白，為什麼多數人落入金融服務業迷宮時覺得那麼無助。這裡面有太多的術語和太多可交互使用的詞彙，但都是用來描述一些最簡單的事物，比方說貸款或利率。

所以說，當你申請貸款時，非常重要的是要小心注意銀行給你的文件說明，並了解銀行的用語。你需要的所有資訊都會列在貸款相關文件中，但不幸的是，這些條件不會像湯米和金姆的借據契約這樣，清楚簡單地一一羅列出來。也因此，你需要有人幫忙翻譯。最重要的是，要弄清楚你的義務範圍。把專業術語一一

正常收益率
年息率

抽絲剝繭，貸款文件其實就是借據：文件會告訴你要付出什麼以及何時要付。還有，簽署借據或貸款文件，並非小事。你這是在訂下一份有法律效力的協議，許下未來會付錢的道德承諾。當湯尼簽署這張小紙條並交給金姆時，他便許下了承諾，保證日後會連本帶利還她。就像拉丁諺語一樣：dictum meum pactum。

意思是，我說了就算數。

何謂債券？

債券，一如貸款，簡單來說就是未來將支付一定金額的承諾。事實上，某些類型的證券又稱為**本票（promissory note）**，指的是承諾一定會付款的票據或紙本憑證。伸手借錢的人是**債券發行人（bond issuer）**，掏錢的金主稱為**債券持有人（bondholder）**，這是因為他手上握著借款人的償付承諾。

表面上看來，債券和貸款契約很像。債券也納入了債券持有人出借的金額、債券的到期日、利率；業界也將支付利息的承諾稱為**息票（coupon）**。

貸款和債券在設計上有一大不同之處。如果我和琳達想要擴大傑利輝的規模，我們可以去找一家銀行經理談談，申請貸款。他會檢視我們的帳務，以判斷要準備借多少錢給我們、利率又是多少。

進入債券市場則比較複雜。多數貸款都是一位借款人和單一放款人之間的協議，債券則通常涉及多位放款人。

如果我和琳達想要從債券市場籌得資金，我們必須進行一系列的**發債巡迴說明會（roadshow）**。巡迴說明會就好像是和一位又一位銀行經理會談，差別是，聽我們口沫橫飛並決定要不要借錢給我們的人不只是銀行，也有各種投資公司，例如退休金基金。根據每一位投資人私下透露他願意借多少錢給我們，以及他想要的價格是什麼（這一點可能會有很大的差異），我們可以從中了解需要出售多少債券，以及我們要支付多少利息。這樣的流程稱為**替債券定價（pricing）**。

發行債券

一旦我們找到投資人也認同的利率，就可以開始行動，出

售、或者說**發行（issue）**債券。金融從業人員會說，這樣是在**初級市場（primary market）**出售債券，這指的是債券第一次在市場裡賣出去。每一位投資人都拿到憑證，就像金姆和湯米的借據一樣，上面載明他們在特定期間內以特定的利率借給我們特定的金額。投資人用來交換憑證的，是撥給我們一筆資金，數字等於債券載明的金額，這個金額也稱為**債券的面值（face value）**。

我們的投資人現在可以隨心所欲自由處置他們的債券。他們可以持有，這代表他們會把債券鎖進保險箱，靠債券收取利息，一直到期滿為止。或者，他們也可以在所謂的**次級市場（secondary market）**出售自己的債券。

多數和債券、貸款有關的疑惑都出現在次級市場，主要的問題圍繞在債券（或貸款）價格與收益率間的關係。

且讓我們以金姆提供給湯米的借貸為例。她借給他一條跳繩，而他給她一張紙。這張紙（可稱之為債券、貸款文件或借據）賦予她權利，一天可獲得一條好時巧克力棒，再加上星期五

時能把跳繩拿回來。現在，如果金姆想的話，她可以把這張紙轉給任何想要的人，而後來持有這張紙的人，將能夠拿到巧克力棒和跳繩。

債券轉移

金姆的同學曼蒂一直看著金姆和湯米互通有無，對於他們達成的交易很有興趣。曼蒂也有一條全新的跳繩，而且她超愛巧克力。天啊！她真希望能用自己的跳繩達成像這樣的交易。

忽然之間，她靈機一動：

曼蒂：嗨，金姆，我聽說妳把跳繩借給湯米了。妳擔不擔心他把妳的繩子弄壞？

金姆：嗯，我把繩子借給他是有代價的，價格是一天一條好時巧克力棒。

曼蒂：但我知道妳非常喜歡妳的跳繩。妳不想念那條繩子嗎？

金姆：我想有點吧。

曼蒂：那妳把我的繩子拿去好不好？這條跟妳的一模一樣。如果湯米把跳繩弄壞了，就變成我沒有跳繩，而不是妳了。

金姆：那好時巧克力棒怎麼辦？

曼蒂：嗯，既然要冒風險的那個人是我，所以他應該把
　　　　巧克力給我，對吧？

　　金姆花了一分鐘考慮曼蒂的提議。她想像著湯米用她的跳繩
緊緊綁住他弟弟，後來得用刀子割開才能將人鬆綁！說到底，放
棄巧克力可能也沒這麼糟糕。但金姆像隻小螞蟻，總是想著要吃
甜食。有沒有什麼辦法，讓她還是可以從這樁交易當中得到一些
巧克力呢？

金姆：現在妳手上有多少巧克力棒？

曼蒂：半條好時。

金姆：好。如果妳現在就把妳的巧克力給我，那這張借
　　　　據就是妳的了。

　　曼蒂從袋子裡拿出她的跳繩，還有半條好時巧克力棒，一起交給金姆。金姆把借據上自己的名字劃掉，用曼蒂的名字取而代之，然後把這張紙交給曼蒂。

　　現在金姆有一條跳繩，也有半條巧克力棒可以暫時滿足她對巧克力的慾望。曼蒂拿到湯米發行的債券，這表示她每天都會收到湯米的巧克力棒，而且星期五時她會拿回一條跳繩；但願還完好如初。

何謂收益率？

　　曼蒂本來可以說服金姆，只用她的跳繩換金姆的借據，不另外附帶其他的條件。換言之，曼蒂用和金姆一樣的價格買下借據。這種情形稱為支付**平價（par）**，或是原始債券價格的百分之百。但曼蒂實際支付的價格比平價稍高一些。當債券價格改變（原始價格為一條跳繩，現在變成一條跳繩加上半條好時巧克力棒），就表示債券的**當前收益率（current yield）**改變了。這種收

益率和我們之前提過的正常收益率不同。正常收益率是債券首次定價後售出的收益率，當前收益率是債券之後在市場裡交易的收益率。

此時此刻，曼蒂回過頭去審視湯米借據中的「條件書」，會很有幫助。

本金	1條跳繩（價值為100條好時巧克力棒）
期間	5天
到期日	星期五下午
利息	一天1條好時巧克力棒，5天都要支付
正常收益率（以日計）	利息÷面值
1條好時巧克力棒÷100條巧克力棒＝1%	

湯米發行債券的正常收益率是1%，計算時用的是債券面值。計算當前收益率時，用的是債券目前在市場上的價格，或者，換言之，是人們為了債券付出的價格。金姆支付了債券的全額面值，因此在那個時候，當前收益率等於正常收益率：1%。

但曼蒂付的價格比較高！她給了金姆1條跳繩（等於100條好時巧克力棒）再加上她自己的半條好時。這表示，債券的價格是100.5條好時。

以湯米來說，什麼都沒改變：他還是要支付一天1條巧克力棒的利息，換算成利率是1%。但曼蒂拿到的交易條件不像金姆那麼好。債券的收益率現在下跌了：如果她用利息（1條巧克力棒）除

以價格（100.5條巧克力棒），她得到的是0.0009，不到1％。

當前收益率（以日計算）：利息÷面值

1條好時巧克力棒÷100.5條好時巧克力棒＝0.9％。

負債額度固定不變

在當週結束之前，曼蒂都無法確保她確實能拿到湯尼支付的5條巧克力棒。如果真的全拿到了，她會發現由於一開始她先給了金姆半條，因此她的淨所得只有4.5條巧克力，但如果是金姆的話，則可淨得5條巧克力棒。

收益率有漲有跌。如果湯尼用金姆的全新跳繩玩起拔河遊戲，那麼，當曼蒂要開條件時，就算曼蒂用一條破破爛爛的跳繩就換掉金姆的借據，金姆也會願意；她的想法是先拿回一條雖然舊但完整的跳繩，總是好過冒著風險可能會在一星期後拿回一條斷掉的無用跳繩。

就以上這種情況來說，曼蒂的投資報酬豐厚：她一條破爛的舊跳繩，可以換到一條幾乎全新的跳繩和5條巧克力棒！如果我們假設舊跳繩值50條巧克力棒，那麼到期收益率便是55條巧克力棒，換算下來是155％，對曼蒂來說是很棒的甜頭。

不論學校遊樂場裡這個次級市場發生什麼事，都不會影響湯尼。他寫了一張借據換得金姆借他一條跳繩，這張借據很可能轉手一百次，但是對他來說沒有任何差別（唯一的差別，是他必須搞清楚要把好時巧克力棒付給誰）。他的債券可以一整天都在交易，但他的負債額度一直都固定不變。

不同時代的借貸

債務工具存在的歷史，比股票更久遠。歷史學家早已在古印度手稿裡發現提到放款人，日期可回溯至西元前 2000 年。

希臘與羅馬哲學家，包括柏拉圖（Plato）、亞里斯多德（Aristotle）西塞羅（Cicero）與塞內卡（Seneca），都曾經寫到放款者，而且很少有好話。猶太教的塔木德法典（Talmud）、穆斯林的可蘭經（Quran）和基督教的聖經全都譴責高利貸；你可以把高利貸解釋成利率極高的放款，但也有人把任何要支付利息的貸款都套上這種說法。

前述的文明雖然譴責放款人，但由於他們提供的是社會必定需要的服務，因而抵銷部分的責難。羅馬共和國最後允許放款，遵循過去古希臘人與巴比倫人的作法。猶太教的法律被解讀成可透過名為 hete riska 的合夥關係借貸；基督教會則是在 1600 年代初期時靜默下來，不再大聲譴責收取利息放款的作法。

決定跟誰借錢

同樣的道理，也適用於要為傑利輝籌資而去借錢的我和琳達，或者任何為了買房子或買車子而去借錢的人。不論是從銀行或債券市場拿到資金，我們都必須在某個日期支付某一筆特定的利息金額，一直到該筆貸款或債券到期為止。如果持有我們的債券或貸款的人決定賣給別人，對我們來說完全沒有差別（是的，你的確可以在次級市場出售貸款，就像債券一樣）。

雖然我們不在乎買下債務的人是何方神聖，但並不代表我們就不用去在乎一開始在哪裡發行債券。不管你是個人戶還是公司戶，決定要跟誰借錢是很重要的事。舉例來說，如果琳達的車子遭竊，她需要一筆錢買新車，她會有多到眼花撩亂的選項可供選

擇：她可以去找親友借錢；這是很快就能解決問題的選項，而且利率還很可能為零。但向親友借錢很可能危及彼此的關係！她也可以去找銀行或信用合作社；這需要一點時間，有點昂貴也有很大的侷限性，但無需冒著打壞關係的風險。她也可以善用信用卡；這是快速解決問題的方法，也沒有人際關係上的風險，但信用卡用起來很昂貴，而且簡單到非常危險的地步。她也可以去找小額短期融資（payday lender）；這些地方會提供你短期貸款，允許你在下一次發薪日時再還。透過這種方式可以輕鬆快速拿到錢，也不會有人際關係的煩惱，但是小額短期融資費用極高。最後，她還可以去找當地的高利貸；這也是快錢，但可能比小額短期融資更昂貴，而且還有一項額外的缺點，那就是她可能會被剁手腳。

無擔保債務

對企業來說，選擇放款人同樣也很重要。以想要快速展開布局的人來說，銀行可能是最佳選項。如果我和琳達與某家銀行的放貸部門主管很熟，我們甚至可以在和銀行談完當天就獲得貸款。但銀行會想要保護自己，以免在傑利輝陷入困境、可能連貸款利息都付不出來時遭到波及。銀行可能會要求我們提供**擔保**或**證券**。我們或許會把琳達買在棕櫚泉（Palm Springs）的度假小屋押給銀行，當作擔保，這樣一來，萬一我們付不出利息或還不了

「你比較有保障，要付的代價就比較少。」

貸款，銀行就可以接收這棟房子。

我們也可以去債券市場借錢。表面上，債券投資人要求沒
這麼多：他們借錢時通常不會要求任何類型的擔保品或設下其他
限制。換言之，債券沒有擔保，也因此債券通常稱之為**無擔保
（unsecured）債務**。所以，從債券市場籌資要比向銀行借錢容
易，限制也比較少。但其中還是有一些難題。為了彌補沒有擔保
品這一點，投資人會要求收取較高的利息。接下來，要考慮的則
是時間因素：要整合來自各地的投資人、和他們談妥債券發行交
易事宜，無法速戰速決。要讓他們同意債券交易的條件，很可能
要花上幾個星期，甚至幾個月。

槓桿收購

　　不管是貸款還是債券，這些都是所謂的債務工具（debt instrument），安排起來很難單純，而且，當一家公司需要借入的金額愈高，內容也會更複雜。最複雜的，或許要算是投資人利用所謂**槓桿收購**（leveraged buyout）買下一家企業時的情況。業界將這種作法簡稱為LBO，基本上就是利用債務（或者稱為**槓桿**）買下一家公司。槓桿收購交易中的投資人可以是一家私有股權公司，也可以是個人，甚至是一群投資人。這些收購方都是私人性質，而且他們的投資通常是買下標的企業的部分股權，因此，這

槓桿收購名稱的意義

　　1980 年代槓桿收購正火熱，從事這類交易的人成為眾人口中的收購生意人（buyout shop），或者就被稱為槓桿收購投資人。

　　但幾樁喧騰一時的醜聞使得槓桿收購業蒙上了惡名（再加上當時推出幾部電影，例如〈華爾街〉〔Wall Street〕與〈美國殺人魔〉〔American Psycho〕，更完全幫了倒忙）。大家開始用各種輕蔑的名稱來稱呼槓桿收購投資人，「門口的野蠻人」（barbarian the at gate）是一例，「資產拆賣專家」（asset-stripper）是另一例。

　　槓桿收購投資人也會想辦法自我美化。現代他們自稱為私募股權基金（private equity fund）或是發起人（sponsor）。

　　但這些指的其實都是同一件事。

些投資人投入的資金通稱為**私募股權**。

　　槓桿收購表面上看起來很簡單。說穿了，就是一群人集資，並設法讓一家公司轉虧為盈。

　　這很像是美國真人實境節目〈房地產熱〉（Flip This House）裡的某一集，一家十個人湊起來，重新裝修加州馬里布（Malibu）區一棟價值千萬美元的豪宅。家裡每個人都出資十萬美元，支付100萬美元的頭期款。之後他們去銀行借了900萬美元。這些人買下這棟豪宅，賣掉周圍一半的土地，打掉原本的僕人宿舍區，辭退每一個人，只留下總管。之後他們重新裝配房子裡的線路，換掉老舊水管、鋪上木質地板、裝設大理石流理枱面，還買來了不銹鋼冰箱，兩年之後，他們以2000萬賣出這棟房子。銀行拿回貸款，這家人平分剩下的1000萬（要扣除利息）。到最後，他們每個人都把10萬美元變成將近100萬美元。兩年就有這種成績，真不賴！

私募股權基金

　　私募股權基金也用同樣的方法來處理企業；他們利用槓桿收購技巧，讓企業轉虧為盈。他們找了一群投資人集資（這會轉換成他們之後持有的股權），接下來去銀行借出比原始出資額高好幾倍的資金（這是槓桿），然後買下標的企業（這就是收購）。就緒之後，他們會整頓公司，目標是要達成更高的獲利，希望能

在幾年內把公司賣個好價錢，有所斬獲。之後他們能償還貸款，分享獲利。這是一種極致的管理顧問。

　　槓桿收扣成本中的私募股權占比很低，這類交易成功的關鍵，在於槓桿。這就好像是賽車駕駛卡在溝槽中一樣。他需要的是在車輪下墊上一塊木板、石頭或一些稻草，好增加摩擦力讓車子可以移動，但一開始要如何把輪子抬起來呢？用槓桿！他可以盡量在輪子下方塞進一塊板子，在板子下面找到一個支點，並在板子的另一端施力，就可以把輪子翹起來。私募股權資金的作用就像這塊板子一樣。與公司規模相較之下，通常私募股權資金不高，但如果能妥善利用，就可以擁有一家市值數十億美元企業的所有權。當然，私募股權資金也和這塊板子一樣，無法光靠這筆錢完成所有工作。槓桿收購還需要有人合作，一個會在問題上再施加財務壓力的夥伴，一個擁有很多錢的對象，比方說銀行。

　　然而，要說服銀行出手並不容易。要從銀行借到任何一種貸款已經夠難了，讓一家銀行借你幾千萬，幫你買下一家企業，比方說一家冰淇淋公司，那簡直是不可能的任務。一旦順利收購標的企業，發起人將會把所有的債務都轉移到該公司的資產負債表上。之後發起人將會經營這家公司，任務是讓公司創造出足以支付利息費用的收入，一直到付完貸款為止。這是很大的賭注。

降低違約風險

私募股權投資人的想要推動槓桿收購，就要拿出亮麗的過往實績、良好的關係，還要有打動人心的願景，才能讓銀行願意就位。要列出銀行最在乎的考量點，名列第一的就是這家公司可能**違約（default）**：可能付不出利息，或是還不出一開始的欠款。因此，銀行的優先要務是：第一，降低發生以上這兩件事的風險；第二，在發生這兩件事時保護自己。

對銀行來說，管理違約風險最好的方法，就像在貸款協議中加上**約定事項（covenant）**。約定事項是一些規定，要求借款人要達到某些目標。或許是該公司每個月必須要創造出一定金額的營收，或是支付一定金額的負債本金。如果該公司未能達成這些目標，銀行就會接收公司。

「爾等應在每月 15 日支付利息！」

除了訂定約定事項之外，銀行也還有其他方法可以降低企業違約時的風險，例如要求提出擔保品，或是乾脆收取更多費用。銀行可能會要借款人付一筆高額的**前置手續費（up-front fee）**，才願意撥下貸款。若借款人提早償付貸款，銀行也可以加收一筆**提前還款罰款（prepayment penalty）**。或者，銀行也可以單純提高每個月的利息費用就好了。

分擔放款風險

為槓桿收購交易提供資金的銀行，通常會要求擔保品、約定事項以及高額的利息費用，但即便這些保障都到位了，槓桿收購的交易金額通常很龐大，單一家銀行難以應付。其一，獨力投資幾億美元可是一場非常大的賭注。而且，誰會想成為唯一插足冰淇淋公司交易的銀行呢？比較好的作法是找來一群人，這樣大家也比較安心。正因此，很多收購案的資金都不只來自單一放款機構，而是來自**聯貸（syndicate）**。

聯貸確實有重大益處。一方面，放款者不喜歡成為大型收購案或者任何高額、高風險放款的唯一放款人。但他們也不想錯失任何可以賺錢的良機！當貸款變成聯貸時，就被分割成一小塊一小塊，讓放款人挑選，承貸每一個貸款案中的一小部分。這有助於放款人分擔風險。成為一樁數以十億美元計交易的獨家放款機

構，就好比你去參加一場提供各式開胃小菜吃到飽的雞尾酒會，結果只吃了整碗的菠菜沾醬。成為單一放款人的風險極高，萬一借款人破產導致貸款變成呆帳，就一下子痛失幾十億。此外，這表示你沒有這麼多錢可以投資其他豐厚的賺錢機會上。多數投資人情願**多元分散（diversify）**投資，這裡沾一點，那裡投一點。

多元分散投資

多元分散也可幫借款人一把。當放款人投資多項交易時，之後一定會討論到誰要投資多少錢到什麼項目上，以及理由為何。也因此，業界也會流出很多和各種交易相關的消息。如果投資組合經理對任職於另一家基金公司的朋友談起，說到他在傑利輝這

個案子裡投資500萬，這位朋友可能會判斷這很值得跟進。之後這位朋友又會和自己的朋友聊起，可能其他人也接受同樣的論點。這有點像是雞尾酒派對上的閒談：話傳了出去，很快的，閒雜人等就會跑來要求分一杯羹；或者，分一球冰淇淋！

聯貸在1990年代末期很受歡迎；當時投資銀行發現，他們可以成為債券市場的替代品。把貸款分成500萬、500萬一份，實際上變得像**證券**一樣，可以在次級市場上交易，一如債券。放款人可以任意參與及退出某些投資，而隨著聯貸產品需求大增，投資銀行開始為各式各樣的企業安排貸款。連鎖餐廳若想要從事高風險的業務開發，比方說買下競爭對手或跨足中國，過去可能很難說動一家銀行借給他們全部的資金；要單一放款人參與這麼大型的專案，風險太高。但各家銀行聯貸呢？嗯，他們可以分散風

險。突然之間，企業發現可以借到資金，追逐他們最狂野的事業
夢想。舉例來說，百事可樂（PepsiCo）就借了100億美元，在1997
年分拆（編註：股份轉移）肯德基（KFC）、塔可鐘（Taco Bell）
和必勝客（Pizza Hut）等速食連鎖事業。而通訊公司環球電訊
（Global Crossing）也說服銀行投資總共120億美元的資金，在海底
串起電信通訊電纜網路。

浮動利率貸款

　　無論是要用來買下汽車製造商還是冰淇淋公司，申請企
業貸款時很可能附帶的都是所謂的**機動（variable）**或**浮動利率**
（**floating rate**）。企業貸款和消費貸款（比方說，30年的房貸）不
同，後者通常都是**固定利率（fixed rate）**。固定利率指一直到貸款
到期為止，借款人每個支付期所付的利率都是相同的。反之，浮
動利率貸款的利率則可以按期調整。

　　要了解浮動利率貸款，可以想像一位在船隻瞭望窗上的水
手，船身距海面50碼。船隻定錨在港灣，每一天的潮起潮落都
有很大的差異。水手在海面上的高度，也隨著潮起潮落而有高
有低；中午時，他距離海底55碼，但到了下午五點，他就變成80
碼，但他在水面上的高度，永遠都是50碼。

　　浮動利率有兩的部分：**基礎利率（base rate）**，這部分就像

海平面一樣，有高有低；另一部分是利差（spread），或稱為**邊際（margin）利率**，這是在基礎利率之上再加的一個固定數額。在我們的水手範例裡，固定利率就是那50碼的距離；以貸款來說，則會是一個固定的百分比。基礎利率通常是銀行給最佳企業客戶的利率，這稱為**基本利率（primary rate，經常簡稱為Prime）**。基本利率有漲有跌，就像潮汐一樣，視經濟環境與其他條件而定。因為如此，當你借到的浮動利率貸款條件是基本利率加3％時，當基本利率漲到5％時，你就必須付8％。如果基本利率調降到1％，你只需要付4％。

浮動利率 vs. 指數型利率

很多在 2000 年代房市正熱時購屋的美國人，都靠著指數型房貸（adjustable-rate mortgage，簡稱 ARM）的協助達成購屋心願。指數型房貸和浮動利率貸款類似，兩者的利率都會隨著基礎利率的漲跌而變動。

浮動利率貸款的利率會不斷改變，指數型房貸的利率調整的頻率則沒那麼高。

許多指數型房貸都是綜合型的，最初的固定利率會維持一段期間，之後在貸款剩下的期間內轉換成指數型利率。

指數型房貸在 2008 年金融危機期間惡名昭彰，因為當時顯然有很多借款人是被一開始的低利率所引誘，但後來調整利率時卻無力支付更高的利息。

每個選擇都攸關重大

當我和琳達在替傑利輝找貸款時，我們認為，要在浮動利率與固定利率之間作決策，就好像是在下注一樣。我們發現，債券持有人要求8％的利率——這是我們每年都要支付的固定利率。基準利率僅有1％，銀行希望我們支付基準利率加6％，總計是7％，但這只是一開始。因此在一開始時，和銀行打交道會比較好。

但之後我們從收音機裡聽到消息，說到利率在未來兩年很可能大幅提高。以我們的情況來說，只要提高2％，我們要付給銀行的費用就高於進入債券市場籌資的成本。我們是要選擇支付固定金額的確定性，還是要承擔風險，希望長期下來可以少付一點？選擇啊選擇，永遠都那麼困難！

不幸的是，如果我們要壯大冰淇淋事業、實現我們看到的願景，就得做選擇。我們要出售部分的公司股權，還是要借錢？我們要發行債券，還是申請銀行貸款？要有擔保還是無擔保？固定利率或浮動利率？

我們所做的一切選擇都很重要，而且並不只是因為各種方法的成本與麻煩不同而已：一家企業選擇的融資方式，會改變投資人眼中這家公司的模樣，甚至改變公司經營業務的方式。從這樣的角度來看，經營一家公司就像是做餅乾一樣。任何在家裡試過自己做餅乾的人都知道，調整成分，你就讓一塊餅乾大不相同。

多放點麵粉，就會變得有點像是英式司康餅（scone）；多放點奶油，就能延展開來。以企業來說，主成分是股權和負債。會計師或監理人員對一家公司的評價，端看這家公司在帳面上有多少股權或負債。

　　一家公司的財務組成稱為**資本結構（capital structure）**。在下一章裡，我們要了解資本結構如何主導一家公司的一切，從企業如何吸引投資人的資金，到每天的業務運作，都逃不過其影響。

Chapter 3

銀行家坐頭等艙，
股東只能坐經濟艙

企業的資本架構

問一般人組成一家企業的要素是什麼，大部分可能會談到這家公司從事的業務類型、製作的產品、身處的地點、在這家公司任職的員工，甚至也可能提到這家公司所在的建築。

投資人也會看這些面向，但對他們來說，最重要的東西通常藏在表象之下。投資人比較像是醫師，他們很清楚，就算一個人外表看起來氣色很好，也不代表此人很健康。

當我去看我的醫生時，她總是非常關切我的飲食。她會問我吃了什麼、喝了什麼，吃了多少紅肉、多少蔬菜、多少酒精，凡此種種。這是讓她了解我的健康狀態與身體機能的關鍵，甚至是幫助她了解我的身體構造關鍵：如果我每天用垃圾食物餵飽自己，到頭來可能腹部脂肪過高；吃太多雞蛋和蝦子，我可能會慢慢累積出過多的膽固醇；畢竟，你吃進什麼，你就變成什麼。

公司組織層級

這個道理也可以套用到企業身上：企業吃進什麼，就變成什麼。所有的企業都要吃進現金，而且是大量的現金。企業要用現金支付員工薪水、購買原物料、汰換老舊家具、購置新技術以及支付租金。換言之，要有現金供營運之用。就像他們說的，你需要用錢賺錢。但投資人想要知道的是，企業從哪裡賺錢？有多少是來自於銷售？有多少是來自於放款機構？有多少是來自於股

票投資人？不同的答案會使得這家公司的媒體形象或端出的財務報表看來大不相同。當投資人試著去判斷到底應該借錢給這家公司、買進公司股票還是用其他方法投資時，不同的答案也會讓一切結果迥異。

公司就像任何組織架構一樣，會有上層組成要素、基層組成要素與中層組成要素。若以企業投資人為例，他們的層級高低會**根據償債順序（seniority）決定**，貸款給企業的銀行居首，次為債券持有人，最下層則為股東。

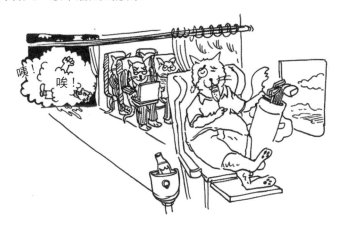

有一個很好的方法可以幫助我們了解資本結構，就是想像一下飛機上的乘客座位安排。多數的機艙都會按照艙等劃分：頭等艙、商務艙和經濟艙。企業的作法也是一樣。眼高於頂、斜躺在奢華頭等艙坐臥兩用椅上的，是銀行家。他們借了一大筆錢給公司。接下來，沒那麼奢華、但同樣舒適的座位上，坐著商務艙的

乘客：債券持有人。最後，全部擠在最後面，九個人排排坐、腿部只有17英吋（43公分）的空間可供伸展，這裡坐的是經濟艙的乘客：股東。

　　所有乘客都付現買座位。現金是用來購買燃料，讓飛機能飛離地面、飛上青天，並能在3萬英尺的高空巡航。飛機平穩航行好一陣子。幾個小時後，當飛機飛越海面，就開始出狀況了。天候出乎意料的糟糕，飛行員被迫繞遠路。不久之後，飛機飛越陸地上空，離目的地尚遠，燃料油表卻已開始下降。隨著油表的警示燈亮起，機師決定在一個小型機場緊急降落。

抽回資金也有順序

　　飛機安全著陸，無人受傷。但當要疏散乘客時，要先照顧誰呢？頭等艙，那是當然的了！他們迅速被送進豪華禮車裡，揚長而去。接下來，來了一輛豪華巴士，商務艙的旅客紛紛上車。現在，該輪到載運經濟艙旅客離開了。航空公司調來一輛輛當地的公車，但公車遲了。後來公車還壞了，這些旅客被迫步行。

　　同樣的道理也可以套用到企業上。投資人將資金注入公司，他們的受償優先順序，要視他們做的是哪一種投資而定。投資人挹注給公司的資金，是作為營運之用，當公司有充裕的資金可用時，一切都很順利，一旦企業的現金水位降到低點，就要開始思

考如何面對投資人。

　　為什麼？因為當企業身陷麻煩時，投資人會想要抽身；他們想要把錢拿回來。但所謂的麻煩通常代表企業沒有足夠的營運資金，這表示：企業沒錢全額償還投資人的資金。對企業來說，還好的是它不用決定要先還錢給誰；資本架構讓整套流程變得很容易。

　　提供貸款的投資人，最優先拿回資金，因為他們提供的是最安全但最便宜的債務：他們要求企業提供擔保，協議中可能也定了某些約定事項，如果企業滑了跤，他們很早就會得到警訊。如果企業無法全額償還向放款人借的錢，放款人就會接收擔保品，可能是機器設備、房地產，甚至是公司的整個部門。企業償付優先放款人之後，若還有剩餘資金，就換債券持有人把錢拿回去。在債券持有人受償之後，如果銀行裡還有任何現金，股東就可以拿回他們的投資本金；只是如果一家公司真的身陷泥淖，他們通常什麼也拿不到。

評估風險與報酬

　　一家企業的資本架構，全部的重點都在風險與報酬：投資人承擔的風險愈高，就能得到愈高的報酬（這是在假設一切順利的前提下）。曾經試過和銀行磋商貸款條件的人都很清楚，銀行最痛恨風險。銀行的業務是把錢貸放出去，但他們永遠都會竭盡所能，盡量降低自身的風險。要做到這一點，他們會在協議裡加上約定事項，並要求抵押品來擔保貸款。為了回報相當的安全性以及隨之而來的低風險，銀行已經準備好少拿一點報酬，少收一點利息。簡而言之，對銀行家來說，知道把錢拿回來的機率很高，比每個月都收到豐厚的利息更有價值。

　　債券持有人想要高一點的報酬，因此他們願意承擔多一點的風險。事實上，他們已經有心理準備，萬一事情出了錯，得讓銀行先把錢拿回去，他們知道這代表債券持有人可能無法全額受償。但為了交換他們承擔的風險，債券持有人一定會要求、而且也應得更高的報酬，那就反映在更高的利率上。他們還有一層額外的保障：他們知道，萬一公司出了岔子，他們不是最後一個拿到錢的人。

　　最後一名落在公司的股東頭上。當企業破產時，報章雜誌上報導股東最後一無所有（甚至有人用上「被吃乾抹淨」等字眼）

空殼騙局

　　有些企業乍看之下值得敬重而且保守傳統，但仔細打開剖析，會發現這些企業居然是空心的。沒有員工、沒有資產、沒有營運，什麼都沒有。

　　這些所謂的空殼公司（shell company）是合法的，但是通常都被用來達成邪惡的目的，比方說逃稅，或如恩隆（Enron），是用來隱藏其他公司的損失。

　　若不詳加抽絲剝繭，很難貿然判斷一家公司是不是空殼公司；但是恩隆所成立的空殼公司從名稱上就可見端倪：絕地（JEDI）、楚巴卡（Chewco）、肯諾伯（Kenobe）與歐比一（Obi-1）等名稱，其靈感都是來自於電影〈星際大戰〉（Star War）裡的虛構人物（譯註：原名稱為絕地〔JEDI〕、楚霸克〔Chewbacca〕、歐比王・肯諾比〔Obi-Wan Kenobi〕）。

的故事，不算少見。身為受償隊伍裡的最後一名，企業出錯時可就不妙了；但是當公司意氣風發的時候，股東拿到的報酬就比其他人都高。這是因為，股份不同於債券或銀行債務，股價會漲，而且漲幅可以倍數計，得到高報酬（或者說**股價飆漲**）的機會極大。一家公司的股價可以漲到什麼地步，其實並無限制，如果股東有能力買低賣高，確實可以有好幾倍的報酬落袋。反之，放款人能憑藉著投資收到的，僅有固定的利息而已。

選定資本架構的位置

現在你懂了，為何投資人如此熱中研究企業的資本架構。如果我們的冰淇淋公司決定發行債券，打算購買債券的人可能會想知道，在公司的資本架構階級中還有哪些其他投資人。他們可能不在乎我們要不要把公司的股份全部公開上市（畢竟，他們的位階高於股東），但如果我們向多家銀行借了一大筆貸款（銀行的位階高於債券持有人），他們可能不會那麼樂於投資。或者，他們會堅持要拿到高額的利率以彌補要承擔的風險：萬一情況出錯，他們在受償順序中僅排第二。考慮購買本公司股票的明智股票投資人，如果發現我們債臺高築，可能會躊躇不前；稍微做點計算，答案就昭然若揭，萬一我們公司出了問題，股東就什麼都沒有。

一旦所有投資人把錢投資到本公司，在我們的資本架構上選定了位置，公司的資金就到位了，而且井然有序。資本架構讓公司的會計師與其他潛在投資人知道，公司有多少負債、債主在哪裡、有多少股權流通在外，以及必須準備多少可供花用的現金。資本架構也說明了一旦情況惡化，哪些投資人有優先權、哪些人的地位又落在最後面。但是當一家企業真的厄運當頭時，投資人不見得一定按照劇本走。你可以想像，如果發生什麼事，飛機必須迫降，機上一定是一團亂；每個人都會拼命想要脫險。有麻煩的企業裡通常也會發生類似的局面。任何有利害關係的人會突然間在搶著要分一杯羹，訴訟滿天飛，股東和債券持有人忙著和銀行抗爭，想要從企業僅剩的現金當中拿走一份。陷於這類情境的企業，通常都得上法院，由法官判定誰拿什麼，或者，法官至少會試著說服各路投資人達成協議。

負債處理不當一樣致命

一家公司一旦上了法庭，它獲得的待遇就類似一架迫降的飛機，會被拖進特別的停機棚接受檢驗。這家公司會被拆解、切開，會計師和律師群會鑽進每一個角落，試著判斷出是什麼因素害這家公司倒閉，他們又可以拯救哪些部分。

公司的**資產負債表**（balance sheet）通常可以提供大量線索。

資產負債表是一家公司財務狀況的縮影，因此，也是其資本架構的梗概。資產負債表揭示了特定期間有多少錢流入公司，又有多少錢流出去。這張表也告訴你公司擁有多少現金（這是出售貨物和股份的結果），還有最重要的，這家公司欠了多少錢。

在所有破產案例裡，卡住營運引擎的污垢，幾乎都是負債。破產代表無能力償還欠款。破產並不代表一家公司沒賺錢，而是代表一家公司賺的錢不夠。假設一家公司一年可以賺10億，但如果付不起貸款的利息，或者付不起借來的錢，同樣也得破產。

不管是大企業或小公司，只要處理不當，負債都同樣致命。就算公司只借了一點錢，只要還不出來就是大問題。我們的小冰淇淋公司可能只借了200萬美元要買下新店面，希望兩年之內就能回收。但如果經濟環境轉壞，那會怎麼樣？或者，鮮奶的價格漲

了三倍呢？或者，更單純的，喜歡本公司冰淇淋的客戶人數不夠多，又該如何呢？這些肯定都是問題，但最大的問題還是債務的沈重負擔、每月要支付的費用，以及我們必須在兩年內生出200萬美元。

破產的重點在負債

破產的重點都在負債，但常常看起來像是別的問題。當2001年恩隆倒閉時，社會把罪過歸在其極有創意的會計作法上。當環球電訊在2002年萬劫不復時，人們譴責的是這家公司揮霍無度。當通用汽車（General Motors）和克萊斯勒（Chrysler）2009年破產時，大家什麼都罵，小從公司過去遺留下來的應付款，大到這家公司品質不良的汽車。在每一個案例中，公司會流乾最後一滴血，多半不是一開始規劃政策時就打算這麼做，而是他們為了實踐策略借來的幾十億美元導致的後果。

換言之，這些企業都是被一個兇手扼死：負債。雷曼兄弟（Lehman Brothers），也是因為負債才被搞垮的：該公司破產金額高達6910億美元，將會在歷史上留名，成為美國有史以來規模最大的破產案之一。但當人們談起這家公司時，很少講到它的負債，反之，他們通常會提到雷曼及其他金融業者在2003到2007年間景氣正熱時所做的投資。這些投資很複雜，若拿來和債券和

股票相比，就好像是小孩的玩具對比噴射機引擎。光是提起，就讓資深的金融業者痙攣、戰慄。這些投資有各式各樣的別名，從「魔鬼家的工具」到「重大毀滅型的金融武器」，不一而足。

我則以實際的名稱來叫它們……

衍生性金融商品。

Chapter 4

感恩節訂火雞
真是一場邪惡交易

衍生性金融商品Ⅰ：
期貨、選擇權

沒錯，衍生性金融商品確實聲名狼籍。一提到CDO（即前面簡介中提過的collateralized debt obligation，擔保債權憑證，亦請參考後面第九章）有誰不是咬牙切齒，或者，講到期貨和選擇權，哪一個不是猛翻白眼？衍生性金融商品多次讓我們陷入麻煩，也難怪它們會成為許多人心目中的金融市場連續殺人魔。我們都知道，衍生性金融商品在2008年害雷曼兄弟垮台，而且垮的不只有雷曼。貝爾斯登（Bear Stearns）、ING、盈泰銀行（IndyMac）、華盛頓互惠公司（Washington Mutual）某種程度上都受到衍生性金融商品的衝擊。1995年時使得霸菱銀行（Barings Bank）徹底完蛋的原因為何？衍生性金融商品。1998年時讓長期資本管理公司（Long-Term Capital Management）一刀斃命的力量是什麼？衍生性金融商品。1720年時害得南海公司（South Sea Company）萬劫不復的又是什麼？你一定猜到了。衍生性金融商品的受害者名單既冗長、又血腥。

衍生性金融商品殺傷力這麼強的原因之一，是因為它們極度複雜。舉例來說，若要以圖解來說明擔保債權憑證（CDO），看起來會有點像是燃油分子結構或者太空船運作原理的簡報：由聰明絕頂的火箭專家設計，只有專家才會懂。

許多衍生性金融商品是複雜到了邪惡的地步沒錯，但多數衍生性金融商品非常單純也是事實，簡單到我們每天都在使用。

標的資產與衍生性契約

「衍生性」金融商品一詞，就點出了這是從他處衍生而來的商品。比方說，汽油是從原油衍生而來，每加侖的汽油價格，和每桶原油價格息息相關。如果原油漲價，汽油很可能也跟著漲。柳橙和柳橙汁的關係也如出一轍：如果柳橙減產，價格就會上漲。柳橙汁是從柳橙而來，柳橙汁的價格很可能也隨之起舞。

柳橙汁和汽油並非金融概念上的衍生性產品。但了解原物料與其副產品兩者成本間的關係，有助於解釋衍生性金融商品的基本原理，這是因為衍生性金融商品也包含了兩個互有關係的部分：標的資產和衍生性金融商品本身。

標的資產可能是千桶原油，或者是某項汽車貸款。衍生性金融商品就是以該項資產為根據所訂的契約。

好吧，實際上的情況可能沒這麼簡單。就讓我們來舉個例吧！比方說……火雞！

每一年，在11月感恩節前的那個月，全美各地的店家容許消費者事先預訂火雞。自2000年以來，每年我都這樣做。原因是當年我把採買火雞這項重責大任放到最後一秒鐘、也就是感恩節前夕才去辦，結果發現在紐約住家附近的所有店家均銷售一空。最後我終於找到火雞了：那是一隻瘦小、醜陋且半冷凍的怪物，還是我好不容易才從小雜貨鋪裡買來的。我花了一筆不算小的錢，

味道吃起來噁心得要命。

絕對沒有下一次。

因此，現在的我就像很多美國人一樣，早早預訂火雞。只要店家一開始打出這項服務的廣告，我就飛奔過去，訂一隻26磅重的火雞，我會在過節前兩天拎回家。店員告訴我一隻火雞的價格是25美元。他留下了我的信用卡資料，以防我沒來取貨或不付錢，之後他給我一張簽了名、註明日期的提貨單，上面寫著：「本提貨單的持有者同意購買一隻26磅重的火雞，價格為25美元，在今年11月27日當天或之前取貨。」

期貨契約

這張提貨單就是一份衍生性契約，名為**期貨（future）**；不論標的資產是一隻火雞或千桶輕原油，期貨的運作道理都相同。我同意支付的價格叫**履約價（strike price）**，我要取貨的日期稱為**交割日（delivery date）**。

一般人可能不會用到這些技術面的術語，但確實都在使用這類基本的契約來預訂商品與服務。我們這麼做，是為了以防萬一：萬一店裡沒貨了，萬一租賃公司的車子都租光了，或者萬一航空公司把我們想要搭乘的班機機位都賣光了。服務供應商也樂於使用這類契約。事先知道有多少人想要在感恩節時買火雞，能

幫助本地的店主以高效率備貨上架。這項情報也可以幫助他大量採購火雞以量制價，在這筆交易上又多賺一點。

期貨也有壞處。其一，期貨契約沒什麼彈性。期貨是一種契約，要在某個日期拿取或交付標的，而且價格為事先約訂的特定數字。要記住，店家可是握有我的信用卡資料。如果我岳母在感恩節前那個星期來訪，還帶來了一隻肥鵝，那怎麼辦呢？忽然之間我就麻煩了，因為我還是得要付出25美元買一隻我不需要、不會吃到的火雞。

我也可以把這隻火雞冷凍起來。但我還有另一種選擇：把提貨單賣給別人，或者，就像金融界人士說的，我可以交易期貨。

要賣掉提貨單，我得走到隔壁去問問看鄰居。結果是，她今年需要買一隻火雞，而且她很樂於花25美元買一隻。成交！

我把我的提貨單給了她。現在，她可以使用這張提貨單並自己付錢買下火雞，或者，她也可以現在先付我25美元現金，等到她去領火雞時，商店會從我的信用卡裡扣掉相關費用。只要我不用拿出25美元，我不在乎是哪一種。老闆也不在乎付錢的人是誰；有人付就好了。

期貨便是這樣交易的。契約很正式，因此可以在交易所交易，但本質上很簡單，正如上所述。

選擇權

對於確定自己在未來某個時點想要買什麼的人來說，期貨很好用。萬一你不確定，那怎麼辦？

2000年時，我之所以這麼晚才在紐約想要買火雞，是因為我一直到最後都不確定自己到底要不要買一隻。我家人習慣帶著滿籃的食物出現在我家門口，而且他們不會事先告訴我。但有時候他們也會兩手空空而來，這表示我得去採買。有鑑於此，我需要的安排是讓我能預約一隻感恩節火雞，但我又不用承諾一定要買。

換言之，我想要的是買進火雞的**選擇權**（option）。

讓我們再回到那家店；老闆告訴我，如果我今天下訂一隻26磅重的火雞，我要花25美元；這稱為**現貨價**（spot price）。他很樂於用這個價格替我保留火雞，但前提是我要先付5美元的訂金，如果到了最後我在感恩節之前沒過來買火雞，我的這筆錢就飛了。同樣的，我又拿到一張簽了名、註明日期的提貨單，但是這張上面寫的條件有點不同：「這張提貨單賦予持有者**權利**，可在今年11月27日前以25美元購買一隻26磅重的火雞。」

如果用金融界的術語來說，我的提貨單是一份**買權**（call）。這種選擇權賦予我購買標的物的權利，但沒有義務非買不可。我不一定要去拿這隻火雞。如果我不取貨，這份選擇權**到期**（expire）後，我就損失了5美元。如果我要拿，那隻火雞就會等

著我，保證會有，總價格是30美元（火雞25美元加訂金5美元）。

市場價格波動

一週之後，我在報上讀到以下的報導：

火雞飛出雞舍，雞價因此飆漲

加州孟德斯托市（Modesto, California）消息，12月23日，美聯社訊——加州的火雞農不斷傳出消息，說本來應該不會飛的火雞紛紛奔向天空。加州火雞合作社（California Turkey Cooperative）的發言人今天表示，成千上萬隻的火雞逃出全州各地的雞舍，比例可能高達全加州火雞的70％；牠們就是飛出了雞籠。他說，由於火雞不會飛，通常都關在無頂雞舍裡，所以，學會飛翔的火雞很容易就飛出籠外。

美國農業部（Department of Agriculture）與氣象調查（Meteorological Survey）的報告指出，這些火雞往南方飛去了；牠們可能是為了避冬，也可能永遠不回來了。

隨著火雞展翅高飛，火雞價格也跟著飆漲。美國家禽協會（American Poultry Association）的發言人說，一隻土生土長的20磅重加州母火雞，現在的均價高達100美

元，並持續上揚當中。超市的家禽區已經空無一物，因為採購的人紛紛趕在感恩節假期之前來搶購火雞。

現在，多數人可能都讀到這篇報導，驚訝於火雞居然能神奇地重新找回飛翔的能力。這個消息讓我興奮莫名，現在一隻火雞居然可以賣到100美元了！而我手上有一張提貨單，保證我可以用25美元買到一隻！我現在覺得自己真是英明：如果我的親戚假期時空手來我家，我可以用將近四分之一的市價就買到一隻火雞。如果他們帶著各式各樣美食來看我，我就不需要買一隻火雞，我的損失只有5美元。

但，我非得損失不可嗎？

行使選擇權考量

感恩節假期之前的一個星期，我的岳母來了，她手裡拎的不是一隻火雞，而是兩隻！顯然我無需用到提貨單了；或者，用金融業人士對這種交易的說法，我不會**行使**（exercise）選擇權了。可惜了那5美元，我心想，接著我想起去年玩過的把戲：我要把我的提貨單賣給鄰居。也許她今年也需要火雞呢？

不。她也變聰明了，自己預訂了火雞。但她很高興我打電話問她，因為她的老闆賽瑞爾正在驚慌失措當中，晚上大概會有20個人要去他家吃飯，而他還沒買到火雞。

或許賽瑞爾願意買下我的火雞？

我可以跟他收5美元。這樣一來，我就損益兩平，他最後也只需要為這隻火雞支付總共30美元的代價。在目前的情況下，這對

賽瑞爾的選擇

今天從店裡買一隻火雞（支付現貨價）	100 元
或者	
買下（a）我的提貨單（選擇權）	25 元
加上	
（b）我預訂的火雞（支付履約價）	25 元
總計（a+b）	50 元

他來說是很划算的交易。

或者，我也能從這筆交易中賺點小錢。

我和賽瑞爾約在一家咖啡店見面。我問他準備出多少錢買一隻26磅重的火雞。他說他最多付50美元，不會更多了：要他用高於50美元的價格買一隻火雞，他寧願吃美式烘肉餅算了。

我表示同情地點點頭，告訴他我能幫他弄來一隻火雞，而且就是他說的這個價格。他付給我25美元買提貨單，然後行使選擇權，以25美元買下火雞，他只要付出總共50美元的代價，就得到一隻火雞。

漂亮的交易！我用25元賣掉我的選擇權，我賺了20元（記住，我之前可是先付5元訂金才買到選擇權）。我的獲利率高達80%。而賽瑞爾也是贏家，他可以向他的賓客自誇，他可是想盡辦法才買到一隻不打賀爾蒙的放山火雞，而且是市價的一半。

我的火雞選擇權是一種買權，讓我可選擇買下標的物。但選擇權不是僅能讓你買東西而已。你也可以利用選擇權保有出售標的物的權利。在金融界裡，賣東西的選擇權稱為**賣權（put）**。

賣權安排

如果你曾經在網路上賣車，你就知道常會有中古車商會打電話給你，對你要賣的車報個價錢。賣權讓你能鎖定這個價格，但

你要多付一個費用。以下這段對話便說明了要如何安排賣權：

中古車商：你好，這裡是狂野之輪汽車公司，我們公司
位在米登路上。我們有看到你要出售一輛
2004年的富豪（Volvo）汽車，我們打算出
10000美元買下來。

我：價格還不錯，但我想要再看看。我能不能買個把這
輛車賣給你的選擇權？

中古車商：那要怎麼做？

我：嗯，我先透過電子支付系統貝寶線上（Paypal）付你
500美元，現在就付，保住我能在星期五下班前用
10000元把車賣給你的權利。如果我到時候來找你，
那你就要付10000元買下我的車。

中古車商：那之前的500元怎麼辦？

我：你留著，那是你的手續費。

交易商：成交。

憑著這項協議，我把汽車的賣價鎖定在10000美元，一直到星
期五下班前都有效。這給我一個星期的時間到處兜售，尋找更好
的交易條件。如果我找到某人願意用高於10500元的價格買下我的
富豪，我就把車賣掉。我和狂野之輪汽車公司的契約會在星期五

下午到期，車商能保有我付的500元。

　　但如果我找不到願意買下二手富豪的人，或者沒有人願意用高於9000元的價格買我的愛車，那怎麼辦？幸好，我和狂野之輪公司已經鎖定價格了。

　　一整個星期，一直有人打電話來問車的事，但沒有人願意付超過9000元的價格。因此，星期五下午時我決定**行使我的選擇權**。我把車開到狂野之輪店裡，中古車商給了我一張10000元的支票。當然，他留著他的手續費，這表示，我的淨所得僅為9500元，但還是值得——比起我把車子賣給其他買主，我還是多賺了500元。

不需擁有卻又能從中獲益

　　當我們談到金融界裡的期貨與選擇權時，通常都和**商品**（commodity）有關。商品，指的是不管產地在哪裡價格都一樣的物品。舉例來說，從菲律賓金礦裡挖出的一盎司的黃金，和阿拉斯加溪裡淘出來的一盎司黃金價格一樣。玉米、小麥、鋼鐵、銅以及眾多其他產品的道理也一樣。這也可以套在其他不那麼傳統的商品上，例如貨幣、證券，甚至是利率。

　　人們隨時都在買賣商品，多數的期貨與選擇權市場活動都發生在辦公大樓裡的交易台上，遠離實際生產商品的田野與礦場，

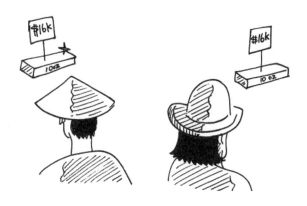

或是商品真正轉手的碼頭或牲畜集散場。

期貨與選擇權市場的存在，使得銀行家與投資人能從商品市場的波動中獲益、又無需真正持有該項商品。

且讓我們回到之前的火雞範例。現在情況一切恢復正常，火雞又不會飛了。同樣的，上週以來，我和鄰居克拉拉一直在觀察火雞的價格。由於飼料漲價，雞農把這些成本都轉嫁到消費者身上。現在一隻26磅重的火雞要價50美元！克拉拉相信火雞價格還會繼續走升，但我相信人們寧願吃素火雞，也不願意為了這種不會飛的鳥支付天價。克拉拉提議我們來賭。

克拉拉：我希望你賣我一份火雞期貨合約。

我：但，克拉拉，我沒有火雞！

克拉拉：你不需要火雞；你只需要一張空白支票。

我：我才不會給你一張空白支票！

克拉拉：不是啦！別笨了。你保有那張支票，現在由你
保管。你寫一張要付給我的支票，簽好名，金
額欄空白。之後你把支票放進信封裡，信封上
寫著「火雞」，然後丟進你的抽屜裡。

我：好，聽起來很古怪。接下來呢？

克拉拉：接下來你要寫一張聲明書給我，上面的內容大
致上是：「本聲明賦予持有者權利，可用一隻
火雞的價格換取50美元，交割日與付款日均為
感恩節當天早上八點鐘。」

我：好啊，但我還是不懂這要做什麼。

克拉拉：我要開始說了。在感恩節早上八點鐘時，我會
給你一張50美元的鈔票，你要給我一隻火雞。

我：但我沒有火雞。

克拉拉：我知道，別笨了。所以你要給我等值的現金。
你要打開信封，打電話給店家，問問看一隻26
磅重的火雞要多少錢。不論店員告訴你的價格
是多少，你就把那個數字寫進支票裡。然後你
把支票給我。

我：啊哈！現在我懂了！

找到願意對賭的人

隨著感恩節的腳步愈來愈接近，我們有好幾天都緊張兮兮。我每天晚上都夢到克拉拉早上八點準時登門，給我一張50元的鈔票，然後看著我打開信封。

在我夢裡，我打電話給店家，和店員通話，然後把他告訴我的數字寫在支票上。克拉拉給我50元，我給她支票。

天啊，她可是樂不可支。火雞漲到一隻100元！她給我一張50元的鈔票，但我給她一張100元的支票，她還倒賺50元！

隔天晚上我又作夢了。她的50元在那裡，我的支票在這裡。我打電話，問店員，問到價錢。這次她沒這麼開心了。現在火雞一隻只賣20元，因此我給她一張20元的支票，但她要給我50元的鈔票。這一次，我贏了：我在這場交易裡賺了30元。

我們真是天才！我們想到好方法用火雞市場來打賭、但又不用真正看到火雞，更別說弄來一隻火雞了。

除此之外，我們其實也沒那麼天才。交易期貨的金融界人士，無時無刻都在進行這類交易。他們不會交割實物，而是應用所謂的**現金結算**（cash settlement）。你也可以利用買權和賣權這麼做：你要做的，只是找到一個願意跟你對賭的人。

沒錯，這是下注、對賭、博弈。無怪乎，大家都把華爾街想成一個大賭場，兩者有很多相似之處，在衍生性金融商品這部分

尤其如此：購買石油期貨的人，賭的可能是中東的動盪將會抑制供給，導致油價攀高；賣出柳橙汁買權的人，很可能認為生產期的溫暖氣候將導致大豐收；買進黃金賣權的人，提防的可能是全球經濟好轉，導致貴金屬的需求滑落。如果你在交易中站對邊，不確定也可以幫你賺錢；確定性同樣也能獲利。人們渴望確定，才使得某些商品的生產者與買方一開始會投資期貨與選擇權。而這份對確定性的渴望也催生出現金市場裡最難懂、但最常見的衍生性金融商品：**交換**（swap）。

Chapter 5

用你的果凍換我的蛋糕
衍生性金融商品Ⅱ：交換的運作

如果說衍生性金融商品名聲不好聽,那麼,「交換」可就真是惡名昭彰了。有一種交換叫信用違約交換(credit default swap),被著名的投資人華倫・巴菲特(Warren Buffett)指為造成「重大毀滅性的金融武器(financial weapon of mass destruction)」。交換是一種衍生性金融商品,就和期貨及選擇權一樣,但是和後兩者不同的是,交換通常分別由涉及這類交易的銀行以及投資公司處理。

簡單交換協議

怎麼會這樣?多數人早就知道「交換」一詞所指為何。大部分的人從讀書時候就開始交換東西:我把跳繩借給你,換你的電動遊戲;你那條很酷的圍巾換我這條很可愛的項鍊。還有食物:小孩總是愛交換食物,不管是便當盒裡的菜色,還是他們在學生餐廳裡點的食物,都要換一換。

我曾經去參觀一所學校,學生中餐時只能訂套餐。A餐是素食,B餐是吃肉的小孩吃的。這兩種套餐經常更換不同的主菜與飲

	A 餐	B 餐
主菜	素食(菜色會變)	非素食(菜色會變)
飲料	汽水或牛奶(會有變化)	汽水或牛奶(會有變化)
甜點	果凍(不變)	蛋糕、冰淇淋(會有變化)

料，然而B餐的甜點每天都換，買A餐的小孩卻永遠都是果凍。

我針對這一點提問：B餐的甜點都是非素食的嗎？顯然不是。之所以出現這樣的差異，純粹是出於掌廚者的設計。哇！我心想，點A餐遜斃了，每天都吃果凍？真是無聊到爆！

而這就是交換的著力點。一個吃素、但不喜歡每天吃果凍的小孩，永遠都可以找到人接收他的果凍，交換當天對方不喜歡卻又被分到的那片蛋糕。很公平。但如果這個吃素的小孩根本就痛恨果凍，那怎麼辦？而且，每天都要找人換很花時間，也有很高的不確定性，這又怎麼辦？

他真正想要的，是B餐的甜點：有點變化，而且，最重要的是，沒有果凍。這表示，他需要去找一個訂B餐而且熱愛果凍的小孩。極愛果凍的人，會愛到想要天天吃。

這是很簡單的交換。這類協議，每天在全美各地學校的餐廳裡不時出現，也出現在全球金融企業的交換交易台上。

固定利率vs.浮動利率

最簡單的衍生性金融交換產品，可能是貸款利率的交換。有些貸款是固定利率的：比方說，我的房貸，可能是未來五年內的利率都固定在5％。但我的鄰居克拉拉，申請的可能是**浮動**利率房貸：未來五年的利率都是基準利率再加3％。

我和克拉拉都在同一時期以同樣價格購屋。後來，她辭掉工作，現在手頭很緊。浮動利率房貸讓她更難以規劃預算：她永遠不知道下個月的基準利率是多高，這表示，她永遠都不確定下個月要交給銀行多少錢。利率可能是4％，也可能是6％。因此，我固定利率5％的房貸對她來說很有吸引力。至於我，我很樂意賭一把。如果基準利率下跌，我可能只要支付3.5％的利率，看起來很讓人滿意。但現在我已經卡在固定利率的房貸中了。因此，有一天我去找她談我們的處境：何不由我每個月替她支付她欠銀行的利息，她替我付我的？換言之，何不讓我們交換呢？

　　對企業來說也是一樣。有些企業申請的是固定利率貸款，有些是浮動的。有時候他們申請了某種類型的貸款，但後來發現並不合用：可能是價格太過昂貴，或者業務需求已經改變；但他們也不想支付大筆手續費重新申貸。有時候企業並無選擇，他們必須接受銀行提出的任何條件。

　　假設傑利輝申請了100萬美元的浮動利率貸款。我和琳達之所以申請這筆貸款，是因為這是我們當時能找到的最低利率，但對現在的我們來說，這筆貸款已經變得很棘手了。現在是冬天，冰淇淋的業績有點下滑，我們需要非常精準地盤算每個月的預算。不知道下個月要為了這筆貸款付出多少錢，根本幫不上忙。

利率交換

於是我徵詢了貸款部門的主管，對方建議我去找**投資銀行**
（**investment bank**）……

精品投資銀行佛薩銀行位在聖塔芭芭拉市，我坐在該行辦公
室裡一張厚重的仿古董皮椅上，裹在正式西裝裡讓我感到燥熱不
已。坐在一張巨大、空無一物的柚木桌另一端的，是投資銀行家
印恩，他懶洋洋地靠在一張奢華的主管椅上，穿著刻意弄皺的棉
織長褲和高爾夫球衫。

我：這麼說吧，我向葛根大同銀行申請到了這項浮動利
　　率貸款。這筆貸款現在弄得我的日子很難過：我某
　　個月要付5％、下個月付6％、再來要付5％！我的帳
　　務很難一貫地作業，我聽說你或許可以幫我忙。

印恩：老兄，我懂了。我可以幫你消除其中的不確定。

我：怎麼做？

印恩：替你進行一樁交易，讓你每個月都支付固定利
　　率。比方說，5.5％。換算下來，你每個月要支付
　　55000美元。

我：好，每個月都付55000美元聽起來不錯。但我要如何
　　說服葛根大同銀行接受？

印恩：你不用說服他。你還是必須付錢給葛根大同銀行，但用我們的錢。

我：我搞糊塗了。

印恩：就讓我來說明一下。每個月你都會收到葛根大同銀行的繳費單，對吧？

我：對。

印恩：好，從現在開始，每個月你一收到繳費單，你就打電話給我。我會開一張支票給你，上面的數額等於你要付給葛根大同銀行的費用，反過來，你要付給我55000美元。你拿走我給你的錢，付給葛根大同銀行。

我：你的意思是說，如果我每個月付給你55000美元，你就付錢給葛根大同銀行。

印恩：沒錯，差別在於我是利用你當橋樑。但基本上是這樣沒錯；你換得每月支付固定金額，我們則同意替你支付貸款，不管多少錢我們都付。

我：好，那如果某個月我要付給葛根大同銀行的金額低於55000元，那又將如何？

印恩：若是這樣，我們就賺到了，因為你付給我們的錢會高於你欠葛根大同銀行的錢。但假設利率上揚，葛根大同銀行寄給你的繳費單利率跳到7%，

那你就得付70000元了！但現在的差別是欠錢的人
不是你；是我們。你就繼續付我們55000元就好
了，不管貸款成本多高，都由我們來付。

我：嗯嗯，我很心動……

你可以看出其中的訴求點。我的手頭很緊，因此我希望能精
確知道每個月要付多少錢。佛薩銀行幫了我一把。到最後我整體
付出的金額可能更高，但這就是確定性的代價。這樣的交易稱為
利率交換，在這筆交易中，我和投資銀行交易、或說是交換了我
的利率。

我會考慮這筆交易，是因為我希望拿到固定利率，讓我在管
理預算時能更輕鬆省事。人們還會基於很多其他理由參與這類交
換交易。如果我猜測利率在明年左右將會走揚，我可能會想要鎖
定固定利率，以防萬一。

在和印恩的對話當中，我會有一種印象，覺得佛薩銀行將
會承受利率波動的風險（或從中獲利）。但參與交換的投資銀行
與其他金融公司常常會去找到其他人，轉由別人承擔風險。若是

藍色巨人與世界銀行

第一樁利率交換交易發生在 1981 年，兩造雙方是電腦公司 IBM 和世界銀行（World Bank）。

IBM 之前借了一大筆錢，以德國馬克計價，要還款時，德國馬克兌美元走強，匯率值來到低點。

這家公司本來可以借美元、換成德國馬克，然後償還以德國馬克計價的貸款，以解決問題，但這樣做的話公司有好一陣子的債務負擔會倍增，資產負債表也會變得很難看。

IBM 另求解決之道，把自己的貸款拿來和世界銀行要承擔的美元計價貸款債務交換。這樣的概念很快就傳揚出去，而利率交換則是現今最常被交易的衍生性金融商品之一。

這樣，投資銀行就變成一座中間橋樑，搭起一個想要固定利率的人、跟另一個想要浮動利率的人。

把未知換成確定

另一種常見的交換，則牽涉到商品。商品價格變動的幅度可能極大：今天漲，明天跌。如果你的企業一整年都要大量購置某種商品，價格波動就是一大問題。

這有點像是我們的冰淇淋公司要因應原物料成本的問題。我們每個星期都要跟春田牧場購買100加侖的新鮮奶油，才能製作冰

淇淋。但奶油的價格每一個月、每一季都可能出現劇烈變動。現在本公司的預算很緊，這個問題讓我們頭痛的程度，不下於浮動利率貸款造成的麻煩。因此我自問：如果我能拉平貸款的成本，那我能不能同樣也把奶油的費用給拉平？

我去佛薩銀行找印恩，他告訴我，是的，這有可能辦到。我們最近一次的交易，讓我換掉了**利率風險**、換來了固定支付利息費用；這一次，他告訴我，我正在承受的，是巨大的**商品價格風險**。某一個月，我買400加侖鮮奶油的費用可能是10000美元，另一個月可能變成15000元。印恩告訴我，他的銀行樂於承擔這項風險，讓我由支付變動金額交換成支付固定金額，比方說，一個月付13000元。如果我同意，未來我每個月只要付一筆固定的金額給銀行，這樣我就能更輕鬆控管預算，而銀行將會支付牧場要收取的任何費用：透過交換，風險將從我身上移轉給銀行。

交換的重點，在於把未知的（可能是每個月不確定的利息費用，或是中餐附的意外甜點）換成確定的（例如每個月固定的利息費用，或是每天都吃果凍）。不確定性很危險，但是也能帶來

報酬，正因如此，銀行會找來另一方承擔這股風險，或者，銀行甚至會自己跳下去參與交換交易。參與交換交易任何一方的當事人，稱之為**交易對手（counterparty）**。在餐廳交換甜點的兩個孩子，是這樁交易裡的交易對手；在我的利率交換交易裡，我的冰淇淋公司交易對手是投資銀行。

保單也是一種交換

金融世界裡的風險有各種形式、各種規模，但通常都會有人準備好要承擔風險，只是要收取費用。在風險賽局中最大型的參與者，傳統上是保險公司。

保險公司的業務重點都在承擔風險，可能是我的某個冰淇淋車司機撞毀冰淇淋車的風險，或是你把遊艇弄沈的風險，或是大樹壓倒我家的風險。如果以上任何一項風險真的發生了，而我們又沒有保險，就得自行承擔全額損失。這項不可知的成本，可能高達天價。但每個月支付一點小小的費用，就可以換得未來由

保險公司替我們背債：保險公司用我們的風險換得固定的收入流入。這麼說來，保單實際上也是一種交換：這是一種車禍交換，是一種沈船交換，是一種毀屋交換。

幾個世紀以來，保險業都在用風險交換固定收入，直到1980年代，華爾街的金融界人士才找到方法，嘗試利用這項原則替自己賺錢。一旦他們動了起來，就不會再走回頭路了：如今的交換交易，是全世界交易頻率最高的契約之一。

把交換想成某種形式的保險，最適合用來輕鬆理解交換家族裡最臭名遠播的產品：**信用違約交換（簡稱CDS）**。信用違約交換是2008年金融風暴的最核心，因此也被貼上各種深具啟發意義的別名：巴菲特說這是「造成重大毀滅的金融武器」，只是其中最廣為人知的一句挖苦。

信用債違約

這種交換的名稱，也無助於提振聲譽：信用違約交換，聽起來太真是複雜了，是吧？還有，其縮寫名稱以三個字母組成，使得CDS和其他真正複雜的產品混在一起，比方說ABS（asset backed security，資產擔保證券）、CDO（抵押債務債券）、CLO（collateralized loan obligation，擔保貸款憑證）和MBS（mortgage backed security，不動產抵押貸款證券），把一般人嚇得口呆目瞪。

但信用違約交易並沒有那麼複雜。本質上，它就是保險。這就好像我為冰淇淋車投保一樣：如果我幫車子投保，我就要承擔風險，萬一車子全毀，我就必須花5萬美元買一輛新的。因此，我每個月付給保險公司100元，由保險公司替我承擔風險。這就是我的車禍交換：在這筆交易中，我每個月支付一筆錢，藉此換掉車子撞壞的風險。

哎哎哎

在信用違約交換裡，風險不是車子會撞壞或遊艇會沈沒，而是信用債會違約。「信用債」是另一個用來描述債券、貸款或其他形式債務的詞。「違約事件（event of default）」發生時，會有一方無法支付貸款的利息費用。所以說，「信用違約（credit default）」就代表借款人無法支付貸款的利息費用。

信用保障

當我和琳達一開始創辦傑利輝時，申辦一筆5年期、50萬美元

的貸款,用來購買設備與裝修辦公室。對於那家銀行來說,這是一筆風險很高的貸款,很難讓他們的帳面好看,因為當我們的新店面一開張,冷凍優格就大舉入侵本地市場……

> **貸款部主管:**休士頓先生,我們有個小問題。
>
> **銀行執行長:**問題?
>
> **貸款部主管:**是的。幾個月前我核准了傑利輝冰淇淋公司的貸款,但冷凍甜點的市場自此之後發生了一些變化。你有聽過嗡嗡莓嗎?
>
> **銀行執行長:**冷凍優格?當然聽過,我家小孩很愛這家賣的東西。
>
> **貸款部主管:**對,這可是一大危機,這些冷凍優格公司將大舉吞掉冰淇淋公司的市場。我很擔心傑利輝可能會失掉市占率,會付不起他們的貸款。
>
> **銀行執行長:**你是說他們會違約嗎?
>
> **貸款部主管:**是的,休士頓先生。
>
> **銀行執行長:**那我們能做些什麼?
>
> **貸款部主管:**嗯,我們也許可以和佛薩銀行做個信用違約交換。
>
> **銀行執行長:**真的嗎?我痛恨那些人。

貸款部主管：對，但他們可能樂於承擔傑利輝的貸款風
險，以換得每個月都可以收到一筆費用。

銀行執行長：瓊斯，詳細說給我聽。你知道我不懂這些
東西。

貸款部主管：在貸款存續期間內，我們可以一個月付他
們500美元。如果傑利輝付不出錢，貸款違
約，那麼佛薩銀行就要償還我們全額50萬
美元，把我們手上這筆貸款還清。

銀行執行長：如果傑利輝沒有違約，還把我們的貸款還
清了，那又如何？

貸款部主管：那就什麼事都沒有。但不管怎麼樣，佛薩
銀行每個月都可以收到一筆費用。

銀行執行長：什麼！那，5年的話，不就是3萬美元了嗎？

貸款部主管：對，但如果傑利輝違約的話，花3萬元買保
險總比損失50萬元好。

銀行執行長：嗯嗯，你說的我懂了。

信用違約交換有點像是保險契約：我去找保險公司，是因
為我想要得到保障、以免受水災風險的威脅，同樣的，我的銀行
去找佛薩銀行，也是因為它需要保障，以免承受我的公司一敗塗
地、無法償還貸款的風險威脅；在金融業裡，他們說我的銀行是

信用保障買方（**buyer of protection**），佛薩銀行則是**信用保障賣方**
（**seller of protection**）。

信用債也能在次級市場交易

　　但保險和交換有一項重大差異。保險契約通常同意賠償的是
財產所受的損害；如果你家的屋頂掉下來或者房子淹水了，你會
拿到一張支票，夠你付給修繕的工人。在信用違約交換裡，當買
方無力支付利息時，信用保障賣方必須付錢。但故事還沒完。為
了換得貸款的全部價值，保障信用賣方必須自己承接貸款。這就
好像如果我的房子淹水了，保險公司不是給我錢整修，而是給我
一張等同於房屋價值的支票，然後房子歸保險公司所有。

　　以金錢換信用債，這樣的交換是信用違約交換大受歡迎的部
分理由。這是因為，就算借款人違約，信用債還是有些價值。

如果我付不出貸款的利息，佛薩銀行必須替我付50萬美元給我的銀行。但這不表示他們就損失了這一筆錢。就像債券一樣，貸款也可以在次級市場交易，佛薩銀行或許可以找到人買下我的貸款。可能會有投資人相信，冰淇淋市場正要開始復甦，他可以讓傑利輝扭轉乾坤。他可能會同意以半價買下我的貸款。這會讓佛薩高興得多；他們可以拿回25萬美元。

貸款在次級市場裡有其價值，這一點可以解釋為什麼信用違約交換的量這麼大，而且這麼惡名昭彰：次級市場會有人去衡量貸款的價值，而且人們得以從事信用違約交換但又無需真的擁有貸款！

沒有能力償還也可以賭

還記得我的鄰居克拉拉嗎？她還是有點生氣我利用感恩節火雞從她那裡賺了錢。她相信傑利輝在冷凍優格的強力競爭之下就快要完蛋了，而她很想利用我的不幸賺點錢。她在我辦的國慶日烤肉會上想到了要利用信用違約交易；她就是在這個場合遇見投資銀行家印恩的。

印恩：我看到嗡嗡莓又在那邊的街上開了一家新分店。

這些人真的會搶占這個小鎮。

克拉拉：是啊，傑利輝岌岌可危，就要被大家冷落囉！

　　　我打賭，六個月派帝和琳達一定付不出他們申
　　　請的貸款。那個利率太高了。

印恩：我的銀行已經賭了。

克拉拉：真的嗎？這樣不會不合法嗎？

印恩：完全不會。你可以打賭任何貸款或是債券會不會
　　　　違約。

克拉拉：怎麼做？

印恩：我們的行動原則，就是把妳當成放款銀行。妳認
　　　　為貸款將會變成呆帳，因此妳需要向我買保障。
　　　　比方說，一個月500美元。一旦貸款真的變呆帳
　　　　了，我就會付妳錢。

克拉拉：付我多少？

印恩：嗯，這要由貸款在次級市場的價值而定。如果價
　　　　值還剩9成，我就付妳差額5000美元。如果只剩5
　　　　成，我就付妳25萬。如果一文不值，我就付妳全
　　　　額50萬元。

克拉拉：真的？我只要一個月付500元，一旦這些人倒閉
　　　　時我就有機會拿到50萬元？

印恩：對。但如果他們沒有倒閉，那妳就要一直付我錢，
一直到貸款期滿為止。這筆錢總可高達3萬美元，寶貝！

克拉拉：不准叫我寶貝。

印恩：抱歉。

這看起來像場外插花賭我沒有能力償還貸款，正是如此。克拉拉找到地方賭我付不出利息，而印恩的銀行則賭我會繼續付錢。這類賭注完全合法，而且，由於下注時不要求買方或賣方一定要擁有貸款或債券，因此任何人都可以賭。你要做的，只是找到一個人跟你對賭。

信用違約交換惡名昭彰

很多人都願意賭。銀行家和金融從業人員一天會撮合幾千次這種交易，在全世界的交換交易台上川流不息。有時候投資人會在某一項信用中押寶其中一方交易對手，之後又一百八十度大轉變，反過來賭同一項信用中的另一方，以防情況沒有按照他們的劇本走。結果是，單一的債券或貸款衍生出幾百項、甚至幾千項

信用違約交易；信用違約交換是數量最大、名聲最糟的衍生性金融商品，原因就在此。

透過以下的資訊，你就能了解信用違約交換市場涉及的金額有多龐大：在金融危機發生之前，2007年時未結清的信用違約交換有62.2兆美元。

這個金額聽起來大到讓人難以置信，但交易中實際付出的金額卻只占其中的極小部分。交換是一種合約，萬一出現違約時將要支付大筆金額，但安排起來通常不花什麼成本，而且，很多時候，真正會轉手的只有信用保障買方每月支付的保險費用而已。當然，如果情況惡化，牽涉到的金額數字很大；但金融危機證明，由於涉入交換交易的人通常兩邊都賭，因此金額通常會互相抵銷。舉例來說，金融業者在信用違約交換中賭雷曼兄弟的金額約有4000億美元，但是，等到這家銀行真正破產時，實際付出的

金額僅約70億美元。

　　這些交易無需動用到武裝運鈔車或裝得滿滿的行李箱。所有的款項，都是透過點選滑鼠或按下「確認」鍵支付。涉入信用違約交換的金融業者損益數字上上下下，但實際上根本沒有人開過金庫提領或存放鈔票。這一點或許不難想見，畢竟，不論是用信用卡結清酒吧帳單，還是用金融卡直接扣繳每個月的汽車貸款，現在人多半都什麼用電子付款了。對每一個人來說，電腦讓各項作業變得更快速、更輕鬆。而這也代表電腦可以處理更多業務。當各銀行集結起來，打造出一套全球電腦網路以執行交易和銀行服務業務時，全世界金融活動的金額也為之激增。忽然之間，美元、英鎊、歐元和日圓以驚人的速度席捲全球。

　　真是難以置信。

　　更難以追蹤。

Chapter 6

錢滾錢的魔術世界

貨幣是什麼？如何在全球流通？

貨幣已經不再是過去的貨幣了，這都要感謝信用體系促成人們能夠彼此借貸，也要感謝把我們連在一起的電腦網路。

貨幣從前是你可以實質握在手裡的東西，可能是金幣、銀幣或鈔票。我們發明貨幣，是因為這套系統比**以物易物**（barter）簡單輕鬆。多數人都知道以物易物如何運作；在還沒到達父母給零用錢的年齡之前，很多人都用過這套系統。在遊樂場中，如果我們想要同伴手中的什麼東西，就必須找到對方願意交換的另一樣東西。

派帝：嗨，凱文，你要不要用溜溜球跟我換彈簧玩具？

凱文：酷，好！

透過交換自己的所有物，我和凱文都得到我們想要的：新玩具。但是，如果凱文已經對他的溜溜球感到厭煩，想要丟了，而且他也有彈簧玩具了，那會怎麼樣？他還是可以換走我的彈簧玩具，期望可以用它換得樂高。不幸的是，這當中存在很高的不確定性：擁有樂高的小孩可能想換的是別的東西，他們不想要彈簧玩具。在這種情況下，大家都不開心。

貨幣的價值

　　我們的祖先明白以物易物的缺點，因此發明了一種可用於不同交易的居中橋樑：多數人樂於用他們手中的貨物來換得這個東西，之後還可以拿這種東西拿來交換其他貨品。這就是貨幣。

　　一開始，貨幣本身蘊含的權利就必須要有價值。多數社會適用的規範是，貨幣應要便於轉換、運送而且可衡量。你必須能真正衡量手中貨幣的價值。有些社會使用貴重的玉石或珠子當作貨幣。西太平洋雅浦島（Yap Island）上的島民，使用特別開採出來的石板當作貨幣，名為瑞幣（rai）。這些石板是從遙遠小島的石英礦藏當中開採而來。這種原石具備稀有性，再加上取得有風險，都確保了瑞幣的價值。

　　雅浦島上的人使用的多數石板多半很小，很多才1英吋（2.54公分）寬，但也有的直徑長達12碼（約10公尺）。其中最大型的石板名為飛幣（fei），很難運送，因此島民判定，流通飛幣並無必要。他們通常擁有的是飛幣的所有權，而不用去管這些貨幣實際上在哪裡。有一位美國人類學家威廉‧佛納斯（William Furness）寫過一個住在雅浦島上的家庭，這家人是大家公認的大富豪，因為他們擁有一個飛幣，但很多年前已經沈入海底。還活著的人從沒人親眼見過飛幣，但飛幣的存在與價值，以及擁有者因此擁有的財富，卻無人質疑。

其他的社會則發展出錢幣，最早的錢幣出現在西元前700年到500年之間。以金或銀打造的錢幣，具備一些現時價值（current value）（這也正是英文裡把貨幣稱為「currency」的理由）：你知道，如果有人用一個金幣買下你那隻得獎的小豬，你拿著這個金幣，去鎮裡的農夫那裡將可買到一定數量的穀物。或者，你可以去餅店買一整年的蘋果派。又或者，如果你想的話，也可以買下另一隻小豬。這裡的重點是，你可以用你那隻得獎的小豬換到某些東西（貨幣），再用這個東西去換你心裡想要的其他東西。

票據出現

貨幣（尤其是硬幣）的問題是，雖然都可以運輸，但多半笨重、龐大且攜帶不便。回過頭來說，硬幣系統更難防範詐騙與其他的濫用（這個金幣是真金嗎？我最好用牙齒咬一咬，以確定真偽），而且很容易盜取。確實，貨幣常常是許多經濟問題的源頭，如通膨和通縮（後面會再詳細說明），而且，最糟糕的是，貨幣不精確。

　　多年來，人們想出各種方法，以因應硬幣貨幣的某些或全部不便之處。許多解決方案都和書面紙本有關，或稱為**票據**（**note**）；票據保證持有票據的人可以取得貨幣，而不是直接把貨幣給他們。這類系統最著名的範例之一，是中世紀由聖殿騎士團（Knights Templar）維繫的系統。

　　回到13世紀，搶匪和海盜在路上與海上擄掠，任何隨身攜帶貨幣長途跋涉的人，都要承受可能損失的風險。而聖殿騎士在全歐洲都有前哨基地，這讓他們有機會為旅人提供獨家服務。比方說，如果有一位貴族想要從巴黎攜帶100枚金幣到君士坦丁堡，他不用把金幣放在一個很容易被偷的箱子裡帶著走，他可以把這些金幣留在聖殿騎士團巴黎分部。他們會給他一張紙，證明他確實留了這麼多金幣在巴黎辦事處。如果這位貴族活著走完整趟危險的旅程來到君士坦丁堡，他就可以前往該市的聖殿騎士辦事處，領取同等數量的金幣；當然，要扣除少許的處理手續費！

利用票據進行商業活動

　　這位貴族持有的是一種本票或借據，看起來和現代企業界所稱的**信用狀**（letter of credit）很相似。這張票據告知聖殿騎士團君士坦丁堡分部的人，他們欠票據持有者100枚金幣，而且持有者可以隨意在任何時候兌現這張票據。票據是簡單且方便的概念，沒多久就傳開來了；很快的，銀行開始從歐洲各地冒了出來，依樣畫葫蘆學著聖殿騎士團提供相同的服務，發行這類借據給商務人士和旅人。

　　人們很快就發現，他們可以利用這些票據從事各式各樣的商業活動。一個人在銀行存了10個金幣，他就可以利用拿到的借據當成貨幣來用。舉例來說，可以用來買一匹馬：

貴族：這匹種馬真漂亮。要多少錢？

馬販：爵爺，只要10個金幣，牠就是您的了。

貴族：聽起來很貴，老小子！

馬販：這是一匹很棒的種馬，絕對會讓您物超所值的，先生。

貴族：嗯，我現在手上沒那麼多錢，但我有史特拉佛（Stratford）的貝拉銀行給我的這張10個金幣票據。

馬販：票據？

貴族：對啊！聽好了，我會在這裡簽名，你拿著這張票
　　　據去銀行，他們就會給你那些金幣。

馬販：嗯嗯。

　　你可以了解為何馬販不喜歡票據這個概念：首先，你沒辦法
光用牙齒咬一咬就判斷這張票據的真偽。為了能把金幣拿在手上，
馬販必須到10幾公里外的史特拉佛兌現這張票據。他必須準備餐點
路上才有得吃，而且他的馬在半路上可能會把馬蹄鐵給踢掉了……
還有，如果等他到了門口才發現銀行已經倒閉，那怎麼辦？

　　雖然使用票據有這麼多潛在的缺點，卻很受商界人士歡迎，
尤其那些參與複雜交易、需要用到大量貨幣的人。

付款承諾

　　中國人早在聖殿騎士團之前的第7世紀就發明了一種銀行票
據。就像在歐洲以及之後的美洲一樣，每一張票據都代表著特定
數量的特定商品（比方說，絲、銅、銀或金）。每一張票據上面
都會載明承諾，明白宣示票據持有人可以持有該票據前往銀行，
用票據換得特定數量的特定商品。現代有些票據仍使用非常類似
的說法：比方說，英國的紙鈔上就載明了以下的文字：「吾承諾
支付持有人（插入數字）英鎊整（I promise to pay the bearer the sum

of〔 〕pounds）」。

一旦人們習慣了使用紙本貨幣的概念，做起生意來就更容易了；只要大家用的是對的貨幣就沒問題了。某些銀行，甚至某些國家，會在金庫裡保有足額的金或銀，以兌現他們所發行每一張鈔票上的書面承諾。有些國家一開始用這種方式做生意，但很快地就在未儲備額外貴金屬的條件下發行更多鈔票。這種作法風險很高：如果每一個人同時想要兌換金幣，該國國內的銀行將無力支付。當人們開始明白這件事時，鈔票的價值就會大幅下滑，貨品的價格則會上漲。這就是所謂的**通貨膨脹（inflation）**。

在金庫裡存有足以贖回每一張票據的黃金，好處是每一個人對貨幣的價值就會有信心，認為**貨幣和黃金一樣有價值**。壞處是，你很難發行更多貨幣：你需要找到更多的黃金，才能發行更多鈔票，而當你需要更多黃金時，黃金的價格就愈高。

「今天只要一品脫鮮奶，麻煩你。」

通貨緊縮螺旋

當貨幣愈來愈昂貴，就會出問題。首先，貨品的價格會下滑。一旦出現這種反應，擁有黃金的人就會開始囤積，貨幣的價格因此攀得更高，並導致貨品的價格繼續走低。這就是所謂的通貨緊縮（deflation）。通貨緊縮一開始是好事：汽車變便宜了！玩具變便宜了！食物變便宜了！但很快的，通縮這隻毒蠍就露出了尾巴上的毒刺。投資人完全不願意投資，因為一切貨品只會日復一日失去價值，因此他們不再把資金挹注給企業，也開始出售股份。這就是經濟學家所謂的**通貨緊縮螺旋**（**deflationary spiral**）。

假設有一家玩具店名叫玩具聖地。玩具聖地專賣娃娃，老闆有幾千個娃娃庫存，顏色、身形與大小各異。玩具聖地生意一直很順利，直到有一天，有一家卑鄙的科技公司引進一種新式的手持電腦裝置，裡面裝有虛擬娃娃。孩子們對這種裝置趨之若鶩，一夕之間完全不玩娃娃了。真是大災難！玩具聖地的老闆必須賣掉幾千隻娃娃並買進這種電腦裝置的配件，而且要快。他降價求售。不幸的是，城裡的娃娃零售商不止他一家。這裡有幾十家的玩具店，每一家都想辦法要把娃娃清光，每一家都在大打折扣。玩具聖地的老闆想要留個幾百隻娃娃下來，因為他知道，不管怎麼樣總會有愛娃娃的人，但隨著其他玩具商跳樓大拍賣，玩具聖地的老闆只能悲慘地看著他的娃娃庫存價值一落千丈。他的會計

師告訴他，他需要把所有的娃娃都賣出去，而且是現在就賣，之後這些東西就一文不值了。因此，玩具聖地也訂出了破盤價。

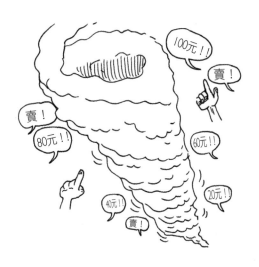

法定貨幣

這稱為**賣壓**（selling pressure）；發生通貨緊縮螺旋時，企業的股份面臨的正是這種命運。投資人紛紛賣出某些股份，買進其他被視為**資金避風港**（safe heaven）的資產，例如黃金或美國國庫券。如果賣股的投資人很多，但買股的人沒那麼多，股價就會下滑。其他投資人擔心自己手上的股份明天會變成壁紙，因此也開始出售持股。很快的，每個人都在拋售：沒人想要買東西，因為兩個星期之後價值便低於目前的買價。在這種時候，投資人只

134

對資金避風港有興趣。他們很害怕，萬一自己買了股票或借出款項，投資下去的錢前景堪慮。少了投資，企業也就不再成長。他們精簡成本、裁撤人力，也不再向其他企業採購。要不了多久，整個經濟就會陷入掉進**蕭條**（depression）的危機。

打從第一種貨幣問世的那一刻起，各國政府就開始和通膨與通縮這兩種可怕的情況奮戰，他們的解決方法是推出**法定貨幣**（fiat currency）。這表示，鈔票值多少將由政府的規範，或者說，法律決定。換言之，重點在於政府怎麼說：「這張鈔票價值20美元，不為什麼，就因為我們說它值。」法定貨幣已經存在好幾個世紀了，但美國政府一直到了1972年才決定把美元訂為法定貨幣，之後全世界多數地方才跟著採行類似的系統。

通貨膨脹

　　一旦大半個世界都採用鈔票和法定貨幣體系之後，貨幣就很容易操作了，但還是無法完全克服上述的兩種問題。這是因為，現代各個經濟體多半建立在兩個極為重要的事實之上：第一，企業完全根據自身的利益行事；第二，人是貪婪的。

　　想像一下有一個父親帶著十個孩子。他搬到鄉下一個小鎮，這裡只有一家名叫麥蓋文的小店，販售這個鄉下所有鄉民需要的貨物，例如：榔頭、防水布和牲畜飼料。麥蓋文雜貨店也賣一些糖果，但是不多，因為鎮裡小孩不多。

　　但是新搬來的孩子們都很愛吃糖，當他們來到小鎮，第一件事就是到處探索，看看他們可以用零用錢買到什麼。最大的小孩叫蘿絲，她領著這一列小孩，沒多久就找到了麥蓋文雜貨店。

　　蘿絲：先生，您好。

　　麥蓋文先生：天啊！這麼多小孩是從哪裡冒出來的？

　　蘿絲：我們從芝加哥搬過來。

　　麥蓋文先生：喔，那好遠。

　　蘿絲：是啊，現在我們好餓。

　　小孩們：我們想吃糖！

　　麥蓋文先生：嗯，我們這裡沒有那麼多糖。我有一些紅

條糖，有一些檸檬口香糖，還有一大罐的
硬糖。你們想要哪一種？

蘿絲：我們一個人有2美元零用錢，所以一共有20元。硬
糖怎麼賣？

麥蓋文想了一下。通常他一顆糖賣5分錢，因為很少人會買。
但今天情況不同。現在，忽然之間鎮裡多了很多可用來買糖果的
錢，但只有一個地方能花：他的雜貨店。這是白白送上門的機會。

麥蓋文先生：硬糖一顆8美分。檸檬口香糖一顆10美分。

蘿絲：好，那我們要買100顆檸檬口香糖以及……125顆
硬糖，麻煩你。這裡是20元。

麥蓋文先生：糖果在這裡。

孩子們（異口同聲）：謝謝！

他們走出店外，亨利‧湯姆金斯走了進來。

亨利‧湯姆金斯：午安，約翰。

麥蓋文先生：午安，亨利。

亨利‧湯姆金斯：我需要一把新鏟子和一包冷凍劑，麻煩
你。對了，我還要買12顆檸檬口香糖。

哄抬物價 vs. 通貨膨脹

可能會有人指控麥蓋文先生哄抬物價，但哄抬物價和通貨膨脹是兩回事。哄抬物價發生在貨品具備稀有性、但需求很高時，賣方會利用稀有這個特性來提高價格。

以本例來說，並不存在稀有性的問題：麥蓋文先生有很多糖果，而他看的出來，這些小孩也有很多零用錢。這表示，他們覺得自己很富有，他們也願意多花點錢買零食。

麥蓋文先生：鏟子一把30元，冷凍劑一包25元，檸檬口
　　　　　　香糖一共是1美元20分。

亨利·湯姆金斯：1美元20分？昨天才60分！

麥蓋文先生：抱歉啦！亨利。通貨膨脹嘛！

通貨膨脹的問題是，你的錢會因此變薄。麥蓋文雜貨店是一個小型的經濟體，被這些孩子用來買糖果的零用錢給淹沒了。他們挹注了20美元，使得亨利·湯姆金斯想要購買的糖果價格倍增，或者，換句話說，他的錢今天能買到的糖果只有昨天的一半。也就是說，他的錢貶值了5成。

適度通膨可促進就業

但通貨膨脹不全然是壞事。事實上，各國政府還蠻喜歡通膨的，但必須是溫和通膨。通膨可能會使得現有的貨幣稍微貶值，但有更多錢流入系統之內能夠抵銷上述的效應：這些錢或花在消費、或投資、或建造，或者是聘用更多人力。因此，如果溫和適度，通膨有助於促進就業。

就以麥蓋文先生為例。現在他可以從賣糖果當中賺進更多錢，他開始想著要如何運用這些錢。他可以花掉這些錢。或者，他也可以把錢再度投資到雜貨店裡。不管是哪一種，都會讓錢留在這套體系裡。假設他花錢買了一個新領結犒賞自己。此舉使得賣他領結的那家零售商有生意做，也讓領結的製造商以及養蠶人有收入：透過領結生意，會觸發一連串的反應，讓相關企業的人都能就業。如果把錢再投資回雜貨店，麥蓋文先生可以拿來重新裝修店面，這麼一來可以嘉惠當地的木材供應商和營造工人。或者，他也可以聘用一個人，一星期來一次幫他清點存貨。這會讓那位員工有收入，而對方很可能把一部分薪水拿來花用，同樣的，也會在麥蓋文家鄉掀起一陣正向、有助於維繫就業的漣漪。

必要之惡

如此說來，通膨是金融世界的一部分，也是一種必要之惡，多數現代政府相信，最好的因應之道就是採行法定貨幣制。然而，引進法定貨幣制度雖然看來是許多政府解決財政問題的方法，大企業卻不是那麼滿意。貨幣的波動性或許變小了，貨幣的重量或許變輕了，但依舊是那麼麻煩、那麼不靈活。貨幣還是得交由某一家銀行清點，交由不可信賴的人運輸，然後再交給另一家銀行點收。這些法定貨幣遭竊的機率，還是如同過去硬幣時代一樣，也因此，商務人士總是情願進行完全不涉及實體貨幣的交易。

很多人都利用銀行以達到上述目的。這個概念毫無新鮮之處：商務人士一向把銀行當成貨幣在用。這套系統很簡單。穀物的買家在某家銀行可能有個帳戶，賣方則在另一家銀行有個帳戶。買方和賣方湊在一起，約定1000桶的穀物價格是500個佛洛林幣（florin；譯註：英國過去的兩先令銀幣名），並通知各自的銀

商人銀行   農民銀行

行。之後，他們會把剩下的工作交給兩家銀行，確定貨款確實從一個帳戶轉到另一個。如此一來，買方和賣方都不需要親手沾到貨幣，並由銀行承擔所有運輸現金的風險。

網路讓貨幣變得更好用

　　這樣的系統存在幾百年了，但在美元成為法定貨幣之前，效率仍然不高。各類的交易需要有很多人去計算加總數字，然後輸入會計總帳。透過信函、電報甚至打到銀行與交易所完成合約，交易的速度快不起來，因為所有憑證都必須經由後台人員（back-office staff）一一驗證。先寄出支票和其他文件，之後再由另一端的職員進行驗證與結算，因此整個過程所耗費的時間可能更久。每一項文件都必須要有人簽名、蓋章並加註日期，然後好好收在龐大的檔案櫃裡。

　　1980年代時出現用速度快、效率高的電腦來取代人力的想法，銀行家紛紛推廣這項科技，認為電腦必較快、比較輕鬆，也比較安全。這些論點並無法說服每一個人，就有人指出，電腦同樣也容易遭竊，跟裝滿金幣的馬車沒什麼兩樣。

　　然而，便利和快速終究取得勝利，而且如今的電腦系統已經非常有效率，到了足以讓現金貨幣幾乎變成抽象名詞的地步。企業界、甚至銀行界需要用卡車裝運鈔票，或用馬車裝運黃金以互

相結算帳戶的歲月，已經過去了。現在銀行之所以還保有現金的唯一理由，大多是為了裝填自動提款機以供民眾使用。如果你想一想法定貨幣，就會發現這很有道理：如果一個政府可以賦予一張紙價值，那麼，它一定也可以讓一個電子帳戶裡的數字有其價值。

如今的貨幣變得很好用，我們可以在幾秒之內就把幾十億的貨幣移轉到千里之外。然而，即便如此，創造貨幣卻變得更加困難。過去貨幣以黃金的商品鑄造而成，你要製作錢幣時，只要把一大塊的金屬熔掉，鑄出貨幣的形狀，然後在上面壓上圖案即可。但在今天，要創造貨幣，需要政府與銀行界的整體網路合作順利；銀行的業務基礎，是一手把錢借進來，另一手再把錢借出去。在美國社會創造貨幣，是一種精緻、近乎神奇的過程；如果少了銀行，今天就不會有我們所知的貨幣了。

Chapter 7

金融機構永遠都是贏家

銀行的體系結構與運作

銀行一詞對不同的人來說有不同的意義。對有些人而言，銀行是去借錢的地方；對另一些人來說，則是安全存放存款之地。

人們會隨著年紀漸長學會如何彼此借貸，而銀行一開始的存在，就是為了放款。事實上，銀行很可能早在發明貨幣之前就已經開始放款了。一直到古希臘羅馬時代，銀行家才想到要在貸出款項的同時也接受存款。在那之前，如果有任何多餘的現金，不是隨身攜帶，就是鎖在家裡。

一切源於放款

西元前7世紀的羅馬，晚春裡某個溫暖宜人的日子。兩位銀行家在歡樂港邊相遇。

快思・布康歡： 早安，偉量。今天跟在你後面的這些人
　　　　　　　　是誰啊？
偉量・洪利： 快思，他們是我的保鑣。別跟我說你還沒
　　　　　　　　聽說盜賊正在這個城市裡遊蕩。
快思・布康歡： 啊，有的，是西西里島人，我聽說的。
　　　　　　　　他們是危險的傢伙。還好你去年已經建
　　　　　　　　好金庫存放黃金。

偉量・洪利：是啊。但願我能夠賺到很多錢，足以填滿
我的金庫。

快思・布康歡：我有一個想法。現在每一個羅馬人都嚇
壞了，半夜裡都還要摽著枕頭下的錢
幣，你何不提供一個地方讓他們放錢？

偉量・洪利：我有什麼理由想要這麼做？

快思・布康歡：因為之後你可以把錢借給別人，比方說
商人霸握。我聽說他借了500個金幣打造
一艘船，航向非洲，回來的時候載滿了
香料，他賣了4000個金幣。

偉量・洪利：4000個金幣！

快思・布康歡：很瘋狂，對吧？誰不會想從中分一杯羹
呢？

偉量・洪利：好好解釋一下你的想法。

快思・布康歡：你向客戶承諾，金幣放在你的金庫裡一定
會很安全並受到保護。除此之外，你無需
承諾別的。然後你轉手，把錢借出去。

偉量・洪利：但如果所有人都要把金幣要回去，那該怎
麼辦？

快思・布康歡：所有人同時都要拿回去？不太可能！現
在到處有西西里人，尤其不可能：他們

會希望安全保住金幣。不過，你要在金庫裡留一到兩成，確保當人們來要回去時你隨時可以拿出一些金幣。但其他的，你就直接借給像霸握這些人。接下來你會看到的是，你用錢把錢滾進來。

偉量·洪利：但西西里人不會永遠都在這裡。他們走了之後，人們還會想要把現金放在這裡以保安全嗎？

快思·布康歡：我挑明了說吧，算我一份，我會傳個話給西西里人。且讓我們看看能不能讓他們待久一點。

存款也要有利息

　　兩位銀行家很快就發現，他們可以靠著投資客戶存進來的錢賺取相當的利潤。雖然手邊需要留一點錢，以防有任何客戶想要快速提領一些錢幣，但他們可以用一個穩定的利率把剩下的錢借出去。當然，客戶沒多久就會發現銀行靠這種辦法賺了不少錢，並決定他們也想分一點。

　　加農·羅鄉：早安，偉量·洪利。

偉量‧洪利：加農！你的氣色真好。我看的出來，務農
的生活很適合你。你是要進城去趕集嗎？

加農‧羅鄉：是啊。今年我養的豬賣了很多銀幣。

偉量‧洪利：很高興聽到這個好消息。你想要存多少？

加農‧羅鄉：嗯，這就要看了。我聽說你賺了很多錢，
而且是用我的錢投資香料貿易賺來的。

偉量‧洪利：我，嗯……呃。

加農‧羅鄉：聽好了，我不介意，只要我要用錢的時候
拿得到錢就可以了。但如果你希望我繼續
把銀幣存在你那裡，我想要拿一點報酬。
比方說，我存在你金庫裡的現金要收2%的
利息。

偉量‧洪利：但是我只賺了……

加農‧羅鄉：你賺了很多錢，偉量，而且你付得起這一
小份，你可需要一大筆錢才能借給霸握‧
契機或其他你正在交涉的對象的。我要
2%；不然的話，擇日不如撞日，我今天就
過街去找客穩‧合社……

也因此，銀行要扮演兩個角色，既是借款人也是放款人。如
今，多數銀行都是這樣運作，以某個利率向存款人借錢，然後以另

一個更高的利率把錢再貸放出去。其中的差額就落入銀行的口袋。

你可能會認為，這樣一來便凸顯銀行家的自私。他們支付給存款人極低的利率，向他們借款人收取較高的利率。說到底，他們著眼的，不過就是堅持為自己和股東賺得利潤。他們貸出的貸款就是賺到這些利潤的方法。

貸款創造貨幣的魔法

還好，銀行想要賺取利潤的渴望，對大家都有利。銀行貸出去給企業與個人的貸款，通常能創造很多益處。這些錢讓我們有能力消費，小至雜貨，大至汽車、房屋，也有助於企業擴大營業與增加人手。如果人們有地方借錢（而且不過度舉債），他們借到的錢也可以協助企業成長與增進就業機會，而這對每個人來說都是好事。

銀行希望把錢貸出去以賺取利潤，還有一個好處：貸款可以**創造**貨幣。而且是憑空創造！

以下便要說明這套魔法如何運作。有一天，史密斯先生前往銀行存了100萬美元。銀行留下10％作為儲備，換算下來就是10萬元，以防史密斯先生需要在短期內動用到部分現金。

隔天，瓊斯太太去了同一家銀行申請90萬元的貸款，想要購置一架私人噴射機。銀行把錢借給她了。忽然之間，經濟體系裡

的貨幣幾乎倍增。史密斯先生的銀行帳戶裡有100萬,而銀行貸放給瓊斯太太90萬元。這兩項都是資產:史密斯先生可以看到自己的銀行對帳單裡有百萬餘額,而瓊斯太太則可以用一個手提箱裝滿現金,因此,兩者都是實質的存在。就這樣,銀行把100萬變成190萬。

瓊斯太太把車開出機場,把裝滿現金的箱子交給許瑞法航空公司的許瑞法先生。許瑞法先生給了瓊斯太太一把鑰匙,可以用來發動一架狀況良好的二手貝爾407(Bell 407)直昇機,並把現金存進他的銀行帳戶裡。銀行拿出10%(9萬元)當成準備金,把

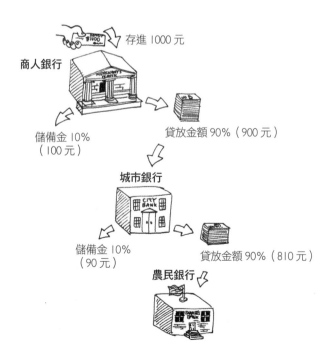

存進 1000 元

商人銀行

儲備金 10%
(100 元)

貸放金額 90%(900 元)

城市銀行

儲備金 10%
(90 元)

貸放金額 90%(810 元)

農民銀行

剩下的81萬元貸放給需要購買新機器設備的成衣製造商。成衣製造商再把這81萬元付給機器設備廠的業務人員。業務人員把這筆錢存進銀行,這家銀行拿出10%當成儲備,然後……

這樣說你就懂了。以購買力來說,那一筆百萬美元現在以已經變成了三倍以上。其實系統裡面並未出現任何新貨幣;一直就是那100萬而已。銀行的能力,就是把這筆錢一再、一再地貸放出去,透過經濟體引發漣漪效應,增進每一個人的消費能力與擴大經營能力。換言之,借貸可以是好事。前提是你不能過度。

帶動貨幣流動

這意味著銀行並沒有那麼壞。是的,有些銀行(或者說經營這些銀行的銀行家們)確實犯了錯。有些銀行家明欺暗騙,有些銀行家滿口謊言,更有些冒了愚蠢的風險,以致於威脅到全球經濟。但多數的銀行與銀行家都努力追求互利,由國內各銀行聯結而成的銀行網路,也已經成為經濟體中不可或缺的一環,帶動貨幣在經濟體系內流動,就像心臟把血液輸送到全身一樣。

許多人覺得,金融體系彷彿是在另一個世界運作,和一般人過生活的世界不同,但事實上,金融體系早已是人們生活中密不可分的一部分。透過和銀行之間的互動,多數人每天都會和金融體系打交道,可能是存錢、開支票、到自動提款機前提領現

金，或者使用金融卡。很多人和銀行互動的頻率，遠高於和親戚之間的交流。人們和銀行的關係很重要，正因如此，我們才會在選擇銀行時如此精挑細選。有的人喜歡和固定的對象往來，所以他們會和同一家銀行的多家不同分行做生意。有人則喜歡趕快拿到錢，因此他們會和到處都有自動提款機的銀行合作。還有些人喜歡在網路上處理大部分的業務，他們就會大力支持擁有最優質網路平台的銀行。我們對於和銀行之間的關係會有各種不同的要求，但一定有一項共同的標準：信任。

我們相信自己往來的銀行很有效率。我們相信銀行和我們往來時會堅守講好的條款。我們相信他們會貸款給願意定期支付利息、而且在貸款到期時會償還的客戶。我們相信他們會在我們需要用錢時把錢還來。正是因為這樣，美國才有很多銀行在名稱中都加上「信託（trust）」一詞。

萬一銀行辜負信任時

有時候銀行會證明他們不值得信任。他們可能、也確實做了一些很糟糕的投資。在1980到1990年代的美國存放款危機中，銀行就是貸放了太高的金額，給根本賺不到錢、注定會失敗的房地產專案。在金融風暴之前的那幾年，銀行購買了有重大缺失而且幾乎必會違約的房貸相關債券。在以上兩個範例中，一旦人們聽

聞往來銀行作了愚蠢的投資，他們就會試著抽回自己的資金。

就像快思‧布康歡之前點出的，如果有一小群人去銀行要求提領自己的存款，由於銀行必須持有貨幣當作準備金，因此他們通常都應付得來。但如果每一個都想要把錢拿回來，問題就大了。當一大群存款人同聲一氣要求馬上提領存款時，這稱為**擠兌**（**bank run**，或 **run on the bank**）。為什麼會發生擠兌？可能是因為過去（指電話普及率還沒到100%之前）一旦你聽說銀行做了很糟糕的投資，想要把錢拿回來，唯一的辦法就是跑到銀行去，努力搶在一定是大排長龍的隊伍最前端。匆匆經過金融區的人，很

現代的擠兌

認為電腦時代將會使得老式的銀行擠兌成為過去的人，在 2008 年 6 月 27 日時都被狠狠地敲了一記。

在這一天，加州貸放機構盈泰銀行的客戶跑到銀行外面，排隊等著要提領自己的錢。謠言傳說紐約州民主黨參議員查克‧舒摩（Chuck Schumer）寫了一封信，警告說如果眾多的存款人都要求提領存款的話，盈泰銀行將會難以抵擋，這讓很多人神經緊繃。

存款人在接下來那個星期透過線上與臨櫃領走了 7300 萬美元。這家銀行的儲備掉到接近於零。盈泰銀行一蹶不振，被迫辭退一半以上的員工。7 月 11 日，美國政府介入，接管了盈泰銀行。

快地就會發現自己闖進完全的騷動當中。

　　現在你只要點一點滑鼠就可以把錢拿走了，根本不需要在銀行外面排隊。但很多人還是會這麼做，因為他們假設銀行會在金庫裡放著貨真價實的錢。但不論人們是親自排隊還是要求上網提領，都會使得牽涉到的銀行發生嚴重問題。就像我們看到的，多數銀行只把總存款中的一小部分挪出來當作儲備金。若要獲得更多現金，他們必須出售、或者說**變現**（liquidate）投資。這需要時間，而且銀行最後可能要吸收損失；這就好像在賣房子或賣車子時的狀況一樣，你想愈快把東西賣出去，就愈不可能賣到好價錢。

政府存款保險

　　銀行擠兌發生過很多次，在好萊塢電影情節裡經常登場，從1946年的《莫負少年頭》（It's a Wonderful Life）到2011年的《大到不能倒：金融海嘯真相》（Too Big To Fail）裡都清楚可見。現實中，很多銀行都倒了，使得政府制訂了一套保險計畫，以因應這個問題。美國股市於1929年嚴重崩盤，之後，在1933年時，美國政府成立了**聯邦存款保險公司**（Federal Deposit Insurance Corporation，**簡稱FDIC**）。聯邦存保公司為有投保銀行中的帳戶提供存款保險，直到某個上限金額。這就是銀行所稱的**後擋**（backstop），這樣的機制是為了提振客戶的信心，相信銀行的保

證：存款戶的存款放在銀行很安全。多數金融顧問都建議，和金
融機構從事銀行業務往來時要選擇聯邦存保計畫下的成員。這相
對容易，因為多數美國銀行都已經和聯邦存保公司簽署合約，僅某
些網路銀行與海外銀行仍未參與。但要確認一家銀行有沒有加入，
易如反掌。銀行會在官網上與大廳裡大肆宣傳他們是會員，消費者
打通電話也可以問到。

　　儘管美國聯邦政府創辦了聯邦存保公司，但一旦發生事情導
致必須由保險理賠給存款人時，唯一的現金來源就是保險方案中各
銀行支付的保險金。聯邦存保公司保障雖然是大眾的存款，而非銀
行的錢，但政府認為必須保護銀行，免得因為消費者信心不足而使
得銀行陷入危機，這一點證明銀行系統在政府眼中有多重要。

　　直至目前為止，我們已經討論過**商業銀行業**（commercial
banking）；他們的業務是貸款給企業，也負責接受個人的存款與
貸款給個人，也稱為**零售銀行業**（retail banking）。以美國而言，

在一般人生活的城鎮大街，看到的本地銀行多半都是商業銀行業，貸款給當地的企業與公司。但有很多全國性與地區性銀行也從事其他類型的銀行業務，稱為**投資銀行業（investment banking）**。

投資銀行

投資銀行從事的是所謂**資本市場**活動，資本市場便是債券與股票市場。當你想要在這些市場裡募資時，你可以去找投資銀行尋求協助。投資銀行也從事股票、債券與其他證券交易，通常也專精於**資產管理（asset management）**，為富裕的個人與有錢的企業提供投資建議。這類銀行也常為這些客戶買進賣出。甚至，很多投資銀行也會為企業提供**併購（merger and acquisition，簡稱 M&A）**建議，協助企業判定要買下哪些競爭對手或與誰結盟，並幫忙他們進行交涉。

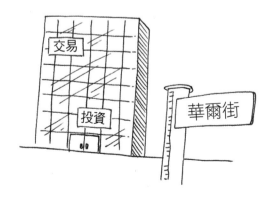

投資銀行沒有分行。舉例來說，如果你想要在附近找到高盛銀行（Goldman Sachs）的分行，你要找很久。他們不會在大街上大張旗鼓，也沒有櫃臺人員，更沒有自動提款機。投資銀行通常不接受存款，因此他們不像大街上看到的一般銀行一樣，從事以某個利率向存款人借錢、以另一個更高的利率把這些錢貸放出去的業務。反之，投資銀行主要從兩個方面賺錢：交易與收取手續費。

想要找個人幫你發行債券或賣出某些股票嗎？這要收點手續費。想要獲得建議，了解你的投資組合當中要買進哪些個股嗎？這也要收點手續費。想要合併其他企業獲買下競爭對手嗎？沒錯；你也要付出代價！當這些銀行替客戶買賣證券時，通常都要收取手續費，他們也會用自己的資金從事交易，希望能從中賺得可觀的利潤。你可能聽說過某些投資銀行：高盛和摩根士丹利（Morgan Stanley）就是其中兩家大型投資銀行；雷曼兄弟與貝爾斯登又是另外兩家，它們在2008年金融危機裡扮演了壞蛋的角色，因此遺臭萬年。事實上，並不是所有投資銀行都像高盛一樣，規模那麼大、那麼有名。有很多規模都很小，而且業務很專精。這類銀行常被稱為**精品投資銀行（boutique）**，通常著眼於非常特定的業務領域，比方說電影業融資或電信業通訊融資。

集商業與投資於一身

1933年通過《格拉斯─斯蒂格爾法案》，自此之後一直到1999年，商業銀行都不得從事資本市場業務，而投資銀行則禁止涉入零售銀行業務。監理單位擔心，如果商業銀行決定要做些投資銀行的業務但又出現重大損失，可能會危及零售客戶的存款。但在1999年時，美國聯邦政府決定可以信任銀行在這方面會自我

美國 1933 年銀行法

這條法律通常被稱為《格拉斯─斯蒂格爾法案》（Glass-Steagall Act），因為法案的主要發起人士維吉尼亞州民主黨參議員卡特·格拉斯（Carter Glass）與阿拉巴馬州民主黨眾議員亨利·斯蒂格爾（Henry B. Steagall）。

會制訂這項法案，是為了因應一段發生通縮的時期；1929年股市大崩盤之後美國陷入蕭條，因此引發通縮。在當時，並不太區分現代所謂的商業銀行家與在資本市場裡打滾的經紀商。聽證會上揭露了銀行業裡各式各樣的利益衝突與詐欺，葛拉斯和斯蒂格爾兩人便決心要把這兩類活動分開來。

該法案也是創辦聯邦存款保險公司的法源。

《格拉斯─斯蒂格爾法案》中區分投資銀行與商業銀行的規定，在 1999 年時通過《格雷姆─里奇─比利雷法案》（Gramm-Leach-Bliley Act），廢除相關規定後者由柯林頓總統（President Clinton）簽署成為法律。

規範，因此撤銷了《格拉斯—斯蒂格爾法案》中的條款，容許銀行從事兩類業務。也因此，如果現在你詢問往來銀行有哪些業務，你可能會發現它既是一家商業銀行也是一家投資銀行，所有業務都集於一身。

銀行有點像汽車。基本款，比方說我奶奶粉藍色的迷你汽車俱樂部人款（Mini Clubman），只有引擎、四個輪子和操控系統。若以銀行體系來說，基本款是在地的零售銀行，這些企業接受存款並貸出放款，此外少有其他業務。如果你在車市中往更高階端移動，你會得到一些額外的配件，例如防鎖死煞車系統（ABS）和鹵素燈，可能也會有更大的馬力。同樣的道理也適用於銀行業。地區性銀行提供貸款產品與投資建議。有些銀行會發行信用卡，並訂出獎勵方案。在系統的最上方，看到的是全國性銀行，是這個系統裡的豪華休旅車，還有它們在另一個世界的近親：投資銀行。如果以汽車來說，投資銀行有點像是軍用車。軍用車有四個輪子和一套引擎，但與一般汽車的相似之處也僅止於此；這類車子完全不供一般消費者之用。

同業拆款

但無論是投資銀行、商業銀行還是單純的零售銀行，所有的銀行都有一個共通點：他們都會在所謂的**銀行同業拆款市場**

（interbank lending market）彼此借貸。這類貸款的期間很短，只有一個星期甚至更短。許多貸款甚至不到二十四小時，稱為**隔夜拆款市場**（overnight market）。銀行系統中的較高階部分尤其常見同業拆款；在這個區塊，都是由大型的華爾街商業銀行與投資銀行在經營。一家銀行可能會意外需要現金，比方說，某位客戶臨時需要動用比平常更大量的現金，而另一家銀行則可能因為哪一個交易日大有斬獲，而有多餘的現金。與其坐擁過剩現金，有多餘現金的銀行可以決定把錢借出去一個晚上，賺一些微薄的報酬。隔夜拆款利率市場也稱為**附買回市場**（repo market），因為這類貸款技術上來說完全不是貸款，而是**附買回協議**（repurchase agreement），簡稱附買回。

不論是稱為銀行同業間拆款、附買回或隔夜拆款市場，銀行同業之間的借貸市場流動性極高，因為永遠都會有銀行有多點現金可以出借，也永遠都有銀行需要有人幫一把，原因林林總總。

附買回市場

在附買回交易中，需要現金的銀行把某些債券或其他證券「賣給」另一家同為金融機構的交易對手。出售時會附上協定，說明出售銀行在之後會買回這些證券（術語稱為附買回）。

附買回價格會稍高於原始售價，因此**附買回協議實質上是一種貸款**，稍高的加價即等同於利息。

如果說銀行體系是經濟體的引擎，那麼，銀行同業間拆款市場就像是油幫浦，每天晚上把現金從一家銀行輸送給另一家銀行，隔天又再回到原處，這些現金就像是潤滑劑，讓整部機器中各式各樣、各據一方的零件都能平順地運作。

政府的中央銀行

不論銀行多複雜或多單純，都需要定期檢查，就跟汽車一樣。在銀行系統裡，負責監督與執行檢查的是**監理機構**，而且有很多權責單位。負責處理多數民眾存款和放款的商業銀行，受到相當嚴謹的規範。它們獲得政府的大力支援，但代價就是要面對高頻率而且更全面的查核。它們不可以在資本市場承受龐大風險，而且也必須握有大量的儲備金，以防萬一。投資銀行所受的規範束縛則少得多。

許多人主張監理機構太多了，而且常常彼此衝突。可能吧！但建立監理系統的目的就是要保護國內龐大的銀行網路，當然，也要保護所有把自己的收入和存款交託給銀行的人們。銀行這麼多，各自從事各種不同的業務，銀行體系非常複雜，甚至到了混亂的地步。在外行人看來，銀行系統就像一堆磚塊，是一個深富創意的小孩堆疊出來的作品。他的營造手法隨心隨性、多采多姿，用上了形狀、大小各異的磚塊。當中的核心，是一塊極為特

別的磚塊，這是整個架構的基石，也是整套系統最重要的要素。
在真實世界裡，這個基礎要素就是政府的銀行，是導引政府的貨
幣流向銀行體系的銀行；這就是所謂的中央銀行，各國央行的
規模和型態都不同，而各國央行支援的行政組織，行事風格也
大異其趣。在美國，這家銀行便是所謂的**聯邦準備銀行（Federal
Reserve）**。

Chapter 8

打開美國政府的財政大門

聯準會、財政部及政府如何介入

美國聯邦準備銀行並不是單一家銀行，而是一個由許多銀行組成的體系，總共有十二家，地點在美國各地，由華府的一個委員會負責監督。

聯邦準備銀行（通常簡稱聯準會或Fed），獨立於美國**財政部**（**Department of the Treasury**）之外，但兩者密切合作，因此常有人搞混。新聞報導的用詞可能是「政府」印鈔票、賣公債、調整利率、買公債或挹注資金到銀行系統裡，但一般人常常不清楚，從事這些買進、賣出、印製或資金挹注的機關，到底是財政部或聯準會。

財政部管理國庫

聯準會與財政部都要管理美國的貨幣，但管道不同。簡單來說，這兩個單位都要透過公開與私人管道讓資金在美國各地流動。管道之一，是由美國財政部以政府帳戶之名持有貨幣。這些現金會分配到美國各地，經由各種聯邦政府方案、獎助與政府機構的開支，進入一般人的口袋或成為企業的利潤。美國財政部監督政府如何花錢，以及之後如何透過稅制流回政府手裡。另一個管道就是聯準會，透過銀行同業拆款以及銀行貸放給企業和個人的貸款，挹注資金進入銀行體系裡流動。

我喜歡把財政部和聯準會想成黑手黨電影《教父》（The

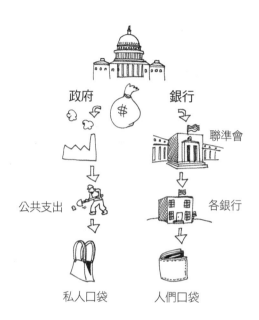

政府　　　　　　　銀行

聯準會

公共支出　　　　　各銀行

私人口袋　　　　　人們口袋

Godfather）裡的兩個角色。電影裡有一個角色叫湯姆·海根（Tom Hagen），他是教父的主要顧問，或者稱為軍師（consigliere）。他為柯里昂（Corleone）家族提供建議，告訴他們應該如何經營：怎麼做才能把錢賺進門，要如何以最有效的方法花這些錢。財政部長在政府裡的角色也相當於此。他不負責任何徵稅或開支的相關決策（這是參議院的權責），但他管理的財政部是一個完全不可或缺的政府部門；如果你想的話，也可說是政府這個大家族的一份子。財政部長為總統與參議院提供建議，找到最好的方法來管理國庫：要透過徵稅或借貸（經由銷售債券）增加多少收入，以及如何透過政府支出把這些錢分配到整個經濟體當中。最後，財

政部長要成為參議院的代理人：他轄下的各部門（包括國稅局與美國鑄幣局）要執行參議院的決策。就像教父的軍師一樣，財政部長是一個權力很高而且非常重要的職位。

聯準會運作獨立

聯準會同樣影響深遠，但方式不同。如果說財政部長是政府的軍師，那麼，聯準會就比較像是《教父》裡的路卡・布拉茲（Luca Brasi）。布拉茲是個殺手，深受柯里昂家族信賴，但不是家族成員。同樣的，這個家族放手讓布拉茲自由「經營」，相信他必會根據組織的最佳利益行事。聯準會的運作道理也類似。聯準會主席與各聯邦準備銀行的行長都由總統任命，並受參議院監督，聯準會主席經常也要去參議院報到。但除此之外，聯準會很獨立。聯準會做事無需請求總統或參議院許可，而社會一向預設這個機構會根據國家的利益行事。

聯準會與財政部面對的限制，是他們僅有幾項工具來達成使命。財政部使用**財政政策**來調整以下各項：稅率、政府支出，以及政府靠出售債券借貸而來的貨幣。但參議院若不同意，這個機關就無法執行以上任何一項工作。決定財政部可以使用哪一種財政工具，又可以使用到什麼程度的，是國會山莊（Capitol Hill）裡的政治人物。

找出平衡帳目最佳方法

我的冰淇淋公司傑利輝，在做生意時也使用一種財政工具。我和事業夥伴琳達擁有這家公司，因此，我們的角色有點像參議院。而我們的營運長泰瑞，同時也兼任會計，他算是財政部長。

現在我們擁有100輛卡車組成的加盟事業部；這些冰淇淋車在全州各地販售本公司的冰淇淋。冰淇淋車的業主付我們固定費用，這好比稅金，另外我們還會從他們的利潤中抽一定成數。有一天，泰瑞把我們聚在一起。

泰瑞：我們的預算出了點問題。鮮奶的價格飆到了天價。還有，隨著冬天的腳步近了，冰淇淋車賺得的收入也變少了。這表示我們現在賺的錢只剛剛好夠支付開銷。我們得小心一點，不然很可能會倒閉。

派帝：我們不能提高加盟金，設法從這裡多賺點錢嗎？就有點像是**加稅**？

泰瑞：可以，但那會壓榨加盟業者。這可能會讓他們在進貨與開發新路線時更加謹慎。他們最後可能會賠錢，然後脫離這一行。之後我們麻煩就大了。

琳達：如果預算出現赤字，我們應該**縮減開支**。或許減少外面的冰淇淋車數目；這樣一來，我們就不用製作這麼多冰淇淋了。或者，我們可以在配方中少用一點奶油，藉此降低成本。

派帝：沒得商量。我們的冰淇淋就因為鮮奶油風味醇濃才受歡迎。如果用這種方法節省成本，大家就不

168

再買我們的產品了，我們也得關門大吉。

琳達：那你有什麼意見？

派帝：我們向銀行再借一筆貸款，用這種方法**增資**如
　　　何？我們可以用這些錢買更多卡車，開發新路
　　　線。我們可以靠這樣賺錢。

泰瑞：我們可以這麼做，但公司目前要支付的貸款利息
　　　已經很高了。新貸款的利率會更高，因此我們得
　　　付出更高的代價才能履行債務。就算冰淇淋車可
　　　以做更多的生意，可能也還不夠。

琳達：我不喜歡這個主意。我們到最後可能是挖一個更
　　　大的坑給自己跳。何不試著調降加盟金，就像**減
　　　稅**一樣。那冰淇淋車業主就有更多資金可運用，
　　　他們可以開往新路線，藉此賺更多錢。

泰瑞：或許吧。我們少收點加盟金，但或許可以提高利
　　　潤抽成比率。可是冰淇淋車賺的錢如果不夠，我
　　　們還是得繼續坐困愁城。

以貨幣措施因應

　　如果我、琳達和泰瑞很難找出什麼才是平衡帳目的最佳手
法，你可以想像參議院和財政部長要應付的問題有多複雜。我們

經營的只是一家小公司，他們得計算哪一種財政政策作法對美國整體經濟來說最好。他們擁有的工具都是鈍器而非精緻的手術刀：政府支出、借貸或稅率的小幅變動，就足以造成重大影響。

聯準會也扮演類似角色，以維繫美國經濟井井有條，但這個機構主要的著眼點是在要降低失業率與維持物價穩定，防範我們在前面第六章中談過的**通膨**或**通縮**發威。聯準會有幾項**貨幣政策**工具可用，而且可以盡情使用，無需請求參議院批准。但就像財政部的稅收、開支與借貸財政措施一樣，聯準會在貨幣供給上做的小幅調整都會出現極大效應，因此要戰戰兢兢。

就業是財政部和聯準會兩個單位都最在意的因素之一。如果失業率提高，財政部會決定利用財政措施來因應這個問題。它有可能調降企業的稅率，相信企業會把原本應付給政府的稅收拿去聘用更多人，或是買下更多貨品。財政部也可以調降一般人民的稅率，相信人們會因此多出來消費，協助企業成長並多雇用員工。或者，財政部也可以決定用花錢來解決問題，可能在政府部門內雇用更多人，或是把政府的工作轉包給企業，促使相關企業聘用更多人力。

聯準會則會使用貨幣措施來因應這個問題。為了讓大家有工作，聯準會需要把更多貨幣挹注到經濟體系裡：這些多出來的錢，會用來支付勞工的薪水。但聯準會沒辦法跑遍全美各地，把裝滿錢的袋子交給各家公司（或像聯準會主席班恩・貝南克〔Ben

Bernanke〕說過的,從直昇機上灑錢)。它必須透過間接的方式來進行。

確保貨幣供給流通

之前,我曾把聯準會比擬為布拉茲,他是《教父》電影裡的殺手。在這裡,我要從導演法蘭西斯・福特・柯波拉(Francis Ford Coppola)手上奪下主控權,重新改寫劇本。假設布拉茲成為所屬組織的首腦,在全市各處都有營運。每一個地區都由一位隊長(captain)負責,每一位隊長都帶領一群街頭小混混。這些隊長從屬下的營運活動所得中拿出一定比例交給布拉茲,除此之外他們的運作很獨立。為了不讓這些隊長太過份或有二心,布拉茲要求他們把10%的所得留在儲備帳戶中,由布拉茲掌控。這不算糟,因為布拉茲會把這筆錢所生的利息撥一部分給隊長們,並允許他們在短期需要用到多點現金時來儲備帳戶借錢,而且是兩手空空什麼都不用付出。如果有需要的話,他們甚至可以向布拉茲長期貸款。

有一天,布拉茲接到他的小姨子的姪女的女兒打來的電話。她告訴布拉茲,她弟弟的表弟是在碼頭工作的低階街頭混混,被人聽到他在酒吧裡大爆料,說他隊長的壞話。外面沒什麼工作,他的隊長好像故意拉慢進度,隊裡的小嘍囉都拿不到錢,大家很

不高興。

　　這通電話讓人很不安：布拉茲和他的顧問們好幾個星期以來也聽說同樣的傳言。於是布拉茲召開會議。

　　布拉茲：好了，各位，這到底怎麼回事？為什麼那些人都沒在做事？

　　「笑臉」莫朗特：嗯，老大，最近警察查得比較凶一點。還有，現在是冬天。每年到這個時候，業績總是比較差。

　　布拉茲：就算是吧，但這些都不算理由。而且，不管有沒有警察，我們都要叫這些傢伙去賺錢。如果他們不賺錢，我們就沒錢賺，大家都不爽。需要我把這些隊長叫來面對面聊一聊嗎？

　　笑臉：還不需要。你可以先試試看用別的方法。你有沒有注意到這些人在儲備帳戶裡都有蠻多現金的？比平常更多。有些人甚至把賺來的錢四成都放進儲備帳戶裡。

　　布拉茲：他們為什麼這麼做？

　　笑臉：因為你給儲備帳戶很高的利息。他們可能算過，把錢放在儲備帳戶裡賺到的利息錢，幾乎跟在街上拼命賺到的錢差不多。

　　布拉茲：那我應該怎麼做？你認為呢，廢人？

　　「廢人」保拉斯基：你有幾個選擇，老大。如果你調降
　　　　　　　　　　利息，讓他們只能拿到現在的一
　　　　　　　　　　半，就會迫使他們把錢投資在街上
　　　　　　　　　　的工作上了。

　　布拉茲：很好。還有別的嗎？

　　廢人：你可以訂一個上限，限制每個隊長存入儲備帳戶
　　　　的金額。告訴他們不能高於一成。那麼，他們就
　　　　會想辦法去其他地方賺錢了。

聯邦基金帳戶

　　布拉茲很擔心組織裡的**貨幣供給**。如果系統裡流動的貨幣不
足，那就代表他的隊長們沒有好好工作，而他的基層士兵也拿不到
錢。所以他要想方設法在這個小小的犯罪經濟體裡**增加貨幣供給**。
布拉茲就像聯準會的主席，這個職位的重點在於確保經濟體內有適
量的貨幣供給，最多人都能就業，而且又不致於引發通膨。

　　聯準會的「隊長們」是美國的各家銀行：各銀行必須保留
一些存款存在聯邦準備銀行裡。這些儲備現金稱為**聯邦基金帳戶**
（federal funds account），目的有二。首先，這是一種安全緩衝機
制，如果有任何一家銀行因為任何理由燒光了現金，聯準會還可以

提供備援。其次，聯邦基金帳戶是一個貨幣庫，如果哪家銀行手上沒有足夠的現金無法達成**法定準備標準（reserve requirement）**，便可以互相借貸。這類借貸活動發生在所謂的**隔夜拆款市場**裡，因為借錢的銀行隔天就必須把錢還回去。銀行向聯邦基金帳戶借錢的利率，稱為**聯邦基金利率（federal funds rate）**，由於貸款期限甚短，因此利率通常很低。

　　對聯準會來說，可惜的是，它無法像黑道老大一樣隨意調整利率。各家銀行實際上會訂出自己的利率，來借隔夜錢的同業每一椿交易適用的利率都不同。這些交易利率的平均利率，稱為**聯邦基金有效利率（federal funds effective rate）**。但聯準會確實也會試著影響這個利率，發表談話點出**聯邦基金目標利率（federal funds target rate）**。

　　目標利率並非不切實際的期望而已。聯準會可以利用一般稱為**公開市場操作（open market operation）**的手法來影響利率以達成目標。當聯準會進行公開市場操作時，可以用一塊大型海綿來

僅限銀行

174

訂定目標利率

目標利率並非由聯準會主席一人所訂。大約每兩個月，聯準會裡一個名為**聯邦公開市場委員會**（Federal Open Market Committee，**簡稱 FOMC**）會召開一次會議。

聯邦公開市場委員會由 12 位顧問組成，其中 7 位是聯邦準備理事會（Federal Reserve Board）理事，另為 5 位則從 12 家聯邦準備銀行的行長中選任。

這一群人組成了聯邦公開市場委員會，協商出他們希望看到的聯邦基金利率。這也就是聯邦基金目標利率。

打比方。用力擠壓海綿，水就流出來了。讓海綿放鬆，又可以把水吸回來。差別是，聯準會在操作時，來回流動的是資金。

初級市場交易商

聯準會這塊大海綿要能有效運作，關鍵是由銀行系統裡的**初級市場交易商（primary dealer）**組成的網路。初級市場交易商，是承諾要為政府公債造市（make a market）的銀行。事實上，政府出售的多數公債都由這些銀行買下，之後轉賣給一般大眾。這是一個獲利豐厚且享有特權的地位，銀行為此要付出的代價是，聯準會開口時他們必須把債券賣回給政府，當聯準會根據**附買回協議**開口時，他們也必須買入債券。美國銀行系統裡大概有21家初級

市場交易商，這是一個規模很小、排他性很強的群體。他們有點像是黑手黨組織裡最被看好的隊長，是老大知道關鍵時刻可以仰賴的靠山。

回到剛剛講的海綿，在這裡，我們可以看到不光只有聯邦準備系統裡的12家銀行，而是還要再加上由初級市場交易商組成的整個網路。有一天，聯準會看了看全美的情況，發現失業率正在攀升。顯然系統裡需要更多貨幣，現在該擠一擠海綿了。首先，聯準會釋出新的聯邦基金目標利率，這個值比目前的聯邦基金有效利率低了1%。然後，就該把錢擠出來了：

聯準會：好啦，還欠我人情的各位！我要求執行我的附
買回合約。這裡有500億美元，現在請把債券還
給我。

滿盈銀行：好啦。現在我們又多了500億美元的流動現
金。但我們要拿這些錢怎麼辦呢？

精緊銀行：嗯，我們不能把錢留著。現在沒人要跟聯邦
基金借錢了。系統裡的貨幣太多了。

豐囷銀行：想都別想把錢留下。錢放在聯邦基金帳戶裡
只能賺蠅頭小利，借給華盛頓州那些買房子
的人報酬高得多。

米賽經濟銀行：我要借給北卡羅萊納州拉來市（Raleigh,

North Caroline）那些企業家。

滿盈銀行：好主意，各位。有人需要夥伴嗎？

調高目標利率

稍微擠一擠，資金便如潮水一般湧進聯邦基金的資金池。本來必須在隔夜拆款市場裡借錢以滿足法定準備金規定的銀行，現在可以用更低的價格拿到需要的錢。這會拉低聯邦基金有效利率，任何銀行都無法透過把大筆資金放到資金池裡出借而賺得不錯的報酬。故而，各家銀行會去尋找不同的投資標的：房地產、餐廳、產業，無處不找。這樣一來，體系裡的貨幣供給就會增加。企業會發現可以用更低廉的價格借到錢，因此他們增加採購、大興土木、增聘人手。人們回到工作崗位，而且由於利率很低，他們看不出來有什麼理由需要多存錢，所以他們花錢，而這有助於企業成長，資本主義的良性循環往對每個人都有利的方向轉動……

直到聯準會有一天醒來時發現體系裡的貨幣太多了。信用太過廉價，不費吹灰之力便能申請到貸款，物價也上漲得太快了。聯準會召開聯邦公開市場委員會會議，決定調高聯邦基金目標利率。為了讓有效利率達到目標值，聯準會用了手上的海綿吸回系統裡的一些現金。

聯準會：好了，各位，請排好隊！請過來領回大家的債券；債券比四處流動的現金安全多了，但流動性和鈔票一樣好。此外，我的債券還付利息。請在炙手可熱時趕快買進。

滿盈銀行：呼！也該是時候了。我都快被滿手的現金淹沒了。請給我十億美元債券。

精緊銀行：就是說嘛。我把錢借給坦帕市（Tempa）的開發商，賺到的錢比我把錢借給你多不了多少！我要20億。

豐囤銀行：我要10億。現在我可以拉高買屋者的利率了；西雅圖的房價已經漲瘋了。

米賽經濟銀行：遵命，聯準會。我要10億。但我還是能把錢借給拉來市的企業家。利率甚至可以再調高1％。這些人都在燒錢！

精緊銀行：嗯嗯，拉來市，是嗎？我那邊有分行嗎？

　　現在這些初級市場交易商銀行都買進了大量的債券，聯準會也從銀行處收回了幾十億的資金。這麼一來，聯邦基金池裡的錢就很多了。現金不足、無法滿足法定準備要求的銀行，現在必須支付更高的價格，推升聯邦基金利率上漲。回過頭來，所有其他利率也跟著漲，因為銀行會把借錢的成本轉嫁給企業，而企業再

轉嫁給消費者。高漲的利率抑制了企業與個人的借貸。這表示：企業能用於成長和開支的資金就少了。利率提高也會鼓勵人們多存錢、不要花錢，這是經濟的另一道煞車機制。聯準會期望，外面少一點等著要購買貨品與服務的貨幣，通膨就會稍微和緩一點。

貼現窗口

當聯準會努力控制貨幣供給時，最常使用的工具就是公開市場操作。你不時會聽到聯準會買進與賣出債券，而且通常數目很大，原因就在此。但有時公開市場操作的運作不如聯準會的預期。有時候，聯準會必須訴諸其他方法，才能讓貨幣在經濟體系中流動。

且讓我們回到布拉茲的辦公室。布拉茲的顧問團指出，他必須調整隊長們可以存入儲備帳戶中的金額。聯準會也可以這麼做。藉由堅持各銀行僅能把一成的資產存入聯邦基金池，多餘的現金就必須另謀投資管道。但有時候這也不足以帶起整條反應鏈。

布拉茲：我小姨子的姪女的女兒又打電話來了，各位。
她是個好女孩，但是快把我搞瘋了。她說外面
的情況沒有變得比較好。

笑臉：對，那些隊長還是一副沒用的鳥樣，老大。有風聲說聯邦調查局在辛辛那提到處刺探。所以他們很怕在這種氣氛下做生意；大家都說風險太高了。這些人反而都開始吸金存安家費了，以防哪一天被逮。

布拉茲：這些狗娘養的……有誰有想法嗎？

笑臉：嗯，我可以理解他們為什麼現在要預作準備。我們不用禁止，但要給他們更多錢以供營運之用。

布拉茲：散財給這些傢伙？我才不幹。

廢人：我們不是說你應該送錢給他們，老大。但你可以在他們來借錢時把資金變得便宜一點。

布拉茲：便宜一點？乾脆把我的肉割下來好了！

廢人：聽我說清楚。如果他們可以用比較便宜的價錢借到錢，營運成本就下降了。如果他們沒有被逮（我們都但願他們不會），我們就能從他們的交易裡賺到更多錢。這個概念的重點，是要讓他們受不了不去做生意。

布拉茲：我懂了，但現在時局很危險。如果我不多收點利息，要冒險的就是我了。

笑臉：老大，我無意冒犯，但你可以這樣看：那可能是必要的代價。現在生意的進度很慢，但如果隊長

們來找你借錢，把錢拿去街上做生意，並讓一隊
隊人馬都有工作，對我們來說是好事。甚至可能
發展出新事業。之後我們也能把錢拿回來，並多
抽點稅。

布拉茲：嗯哼。

　　聯準會是銀行。就像一般的銀行或範例中的黑手黨老大一
樣，如果聯準會想要的話，也可以把錢借出去。聯準會透過所謂
的**貼現窗口（discount window）**把錢借出去。這就跟一個人走到一
般銀行的櫃臺窗口借錢一樣，差別是銀行適用的利率較低；它們
可以拿到很高的折扣。通常貼現窗口的利率都只比聯邦基金利率
高1％，真的很低。

機會之窗

美國各家銀行在危機時刻都會善用貼現窗口。

在 2001 年 9 月 12 日、也就是九一一恐怖攻擊隔天,透過貼現窗口借給銀行的資金跳增至約 460 億美元,比上一個月的日平均量高了 200 倍。

在 2008 年 10 月 29 日、也就是雷曼兄弟倒閉後隔天,貼現窗口飆漲到高點,達 1110 億美元。

錢還是不夠,怎麼辦?

銀行通常不會用到貼現窗口。貼現窗口會比聯邦基金昂貴,而且銀行必須提出擔保品(通常是政府公債)才能拿到貸款。因此,銀行只會在緊急時才使用貼現窗口。所謂緊急,是指該銀行出了問題、使得這家銀行對其他同業來說風險太高,到最後沒人願意借錢給它。或者,也可能是其他銀行被經濟體所遭受的衝擊給嚇壞了,因此開始囤積資金;在2001年的恐怖攻擊與2008年雷曼兄弟倒台之後,銀行確實這麼做了。以後者為例,當時聯準會調降貼現窗口利率0.5%供銀行借錢,就像我們剛剛提過的黑道兄弟廢人和笑臉給老大出的主意一樣。

但,如果這樣還是不夠,那怎麼辦?

布拉茲：好了，各位，大家都知道我們今天為什麼會在這裡了。查理．邦斯上星期被抓了，你們也看到帕盧西家族的起訴書了。我知道時局很艱困，但這不表示我們就可以停下來不做生意。我要叫這些人上工，不然我們全都倒楣。所以，我們到底有什麼辦法推動生意？

笑臉：我有個主意，老大。所有人馬都在外面放款，很多人欠他們很多錢。但大家都不還錢，這表示隊長們都沒有營運成本。

廢人：對啊，老大。西區那一隊人還欠卡拉伯瑞瑞斯的人5000大洋，耶穌會高地那些人則至少欠托瑞1萬元。其他還有很多還沒收回來的錢。隊長們還沒收到帳款之前，都沒有錢去做生意。

笑臉：你可以從那些隊長手中把這些債務買下來，讓他們手裡多點現金。你這麼做了之後，他們就會拿錢去做生意，我保證。

布拉茲：你保證？就像你之前大致上也保證過我給他們錢會有用一樣？不管怎麼樣，如果我接收這些債務，我要怎麼辦？自己去收錢？

廢人：有何不可？我們可以叫人先去收利息，讓這些傢伙知道，等過幾個月後情況再度好轉時，我們就

預備要回收本金了。

布拉茲：這個點子不錯，但假設前提是那些人不會在這
時候收掉生意。好啦，這個想法又讓我躍躍欲
試了。

民間資產

這些隊長是很多生意夥伴的債主。說起來，他們也就像銀行
一樣，是買屋者或企業主的金主。放款是放款人的資產：它代表
未來會有人付錢給你。這類貸款就像債券或銀行貸款一樣，可以
放在次級市場出售，好心的黑道老大可以買下來，央行也可以。

這些民間機構的貸款，稱為**民間資產**（private sector asset），
藉此有別於**政府資產**（government asset），後者指的是貸給政府的
貸款，換言之，即美國政府公債。聯準會當然是政府的一部分，
因此它會很樂於買進政府資產，就像主廚很樂意享用自己親手烹
飪的美食一樣。畢竟，他很清楚這道菜裡有哪些食材，知道自己
一定不會病從口入。但民間資產則比較像是未知數，就像街上攤
販賣的神祕食物，看起來很美味，但可能會害你肚子痛到腰都直
不起來，因此無論是向幫派分子借的借款，還是借給汽車公司的
貸款，民間資產都可能很快就出問題。說到底，一天到晚都有發
行債券的企業與申請到房貸的家庭倒閉破產，因此，也難怪銀行

184

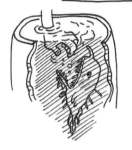

以及其他機構會認為這類資產比政府發行的債券更具風險。風險性的資產比較不好賣。政府不願意購入，也就無需訝異了。

　　但有時候政府不得不買。如果聯準會希望銀行多借點錢給要購屋的人，唯一的方法可能是向銀行買入房貸，藉此釋出資金供銀行貸放。如果聯準會希望銀行多貸款給企業界，可能就會向銀行買進企業貸款或公司債。如果聯準會希望看到營建業可以得到貸款，可能會向銀行買入商用不動產債務。透過買進特定資產，聯準會可以試著激勵銀行貸放更多資金給特定領域。但聯準會痛恨這麼做，因為一旦買屋者破產或開發商倒閉，聯準會就會損失，而且損失的是納稅人的錢。在此同時，把高風險貸款賣給聯準會的銀行可就得意了，拎著滿滿的荷包笑著走進，嗯……銀行。

　　要聯準會出手買下這類資產，前提條件是經濟要糟到一定地步。而實際上經濟條件也確實曾經很糟糕：例如1980年代日本經濟引發的問題、2008年到2010年衰退期間的美國經濟。事實上，

前述這兩個範例的問題十分嚴重，逼得各國央行採取另一項非常危險的行動：**印鈔票**。

保持經濟環境適度流動

　　一直到目前為止，在我們的討論中聯準會處理的都是特定數量的貨幣。假設美國是一個兒童游泳池，旁邊有一個很大的蓄水池。這個蓄水池只有四分之一的水量，游泳池的水也只有剛剛好夠孩子們開開心心玩耍。這個蓄水池就像是銀行系統，儲備了四分之一的現金，這些就是銀行必須保有的儲備金。游泳池就像是經濟體，裝了剛剛好夠的貨幣，足以讓企業活絡、人民就業。

　　儲備水池底部有兩條管子，一條把錢輸送到經濟體裡，讓現金水位上漲。另一條則防止現金水位過高，把過多的企業和個人資金存進銀行體系中。聯準會的工作，是鼓勵銀行把剛剛好夠的

資金注入經濟體裡，保持經濟環境有適度的流動性。聯準會也希望鼓勵存款人把適度的資金存回銀行，以免經濟體裡面的現金過度浮濫，淹沒了每一個人，換言之，就是出現通貨膨脹。

但有時候，當時機不明朗時，銀行與民眾就不會按照聯準會的劇本演出。銀行會擔心發生經濟資金枯竭，因此他們囤積資金，不再挹注資金給經濟體。在此同時，經濟體裡的人們也擔心自己有一天會落入寅吃卯糧的地步，故而希望盡快把最多現金存進銀行裡，因此也更用力把資金吸回銀行。

在這種情況下，經濟資金枯竭。從銀行到經濟體這一端，沒有任何資金注入，而且只要經濟體系裡一出現資金，就會馬上又被送進銀行裡了。以我們的兒童游泳池比喻來說，蓄水池蓄滿了水，但游泳池卻乾到見底。對小孩來說，這不會是一個有趣的地方。

量化寬鬆

故事說到這裡，聯準會仍舊只是讓固定額度的貨幣在系統裡流動。就像我們剛剛講的，蓄水池會注入固定的水量到游泳池裡，並讓水在兩邊來來回回地流動，美國經濟裡來回流動的貨幣也一樣，數量固定，並在銀行系統與人們手上之間來回。但如果聯準會希望減少整個系統裡的貨幣數額，就使用附買回協定取回貨幣，就像管理員把水從蓄水池裡舀出來，放到一邊去。如果系

統需要更多貨幣，聯準會就利用附買回協定注入貨幣，好比管理員再把之前放在一邊水倒回蓄水池一般。這裡並沒有多加額外的貨幣。

但當這套系統不再運作時，而且所有的貨幣都留在銀行裡而不會流入經濟體裡，聯準會就必須訴諸激烈手段，猛力推著系統動起來：它必須加進更多貨幣。這麼做很危險，因為若要增加更多貨幣，聯準會必須創造新貨幣。有些人用技術面的術語**量化寬鬆**（quantitative easing）來描述這個過程，有些人則偏好**印鈔票**一詞。不論怎麼說，聯準會都痛恨這麼做，這是因為就像我們在前幾章中看到的，當經濟體裡貨幣過多時，通膨就耀武揚威，而且會對經濟體造成浩劫。

能憑空創造出貨幣，是訂定法定貨幣最大的益處之一。大家應該都還記得前面第6章中討論過的，訂出法定貨幣之後，不管是美元、英鎊或日圓，其價值就是鈔票上所載明的價值，因為政府說它值多少就值多少。「要信任我們，」政府說，「我們會確保

稅收 支出

第一輪量化寬鬆與第二輪量化寬鬆

2001 年時，日本成為第一個實行量化寬鬆（簡稱 QE）的國家。

但規模最大的量化寬鬆政策出現在美國，發生在 2007 年金融危機過後的 5 年內。聯準會採取兩輪量化寬鬆行動，注入了 2.7 兆美元的新貨幣到美國經濟當中，分別稱為第一輪量化寬鬆與第二輪量化寬鬆。

大家手上的錢明天的價值不會低於今天。」當人民真的相信時，政府印起鈔票來就容易了。

開始印鈔票

只要人們願意相信政府，政府根本不用實際去印新鈔票。它只要在銀行帳戶上多加幾個零就好。聯準會便是這樣做的：就像在控制利率時的作法一樣，透過公開市場操作，向銀行買進債券。差別是，在推動量化寬鬆政策時，聯準會購買債券是為了將在系統中注入一定數目的額外貨幣；此時聯準會用的不是系統已有的貨幣，而是透過授與銀行帳戶信用來創造新貨幣。以我們的兒童游泳池範例來說，是管理員拉一條水管到蓄水池裡，轉動水龍頭，把蓄水池裝滿了，水就一定會開始流進游泳池裡。管理員

一定要從其他地方找到水；但聯準會卻是憑空就能挹注貨幣。「大家都會因此受惠，」聯準會說，「請相信我們。」

這麼容易就能輕鬆創造貨幣，這個想法聽起來蠻誘人的，是吧？多年來，各國政府的領導人屈服在印鈔票的誘惑之下。有些是基於自私的理由印鈔票，肥了自己和自家人的口袋，有人為了支應戰爭與其他冒險事業啟動印鈔機，也有人印鈔票是出於更高貴的動機，想盡力營救自家經濟免於陷入衰退。不論理由為何，印鈔票都有實質風險，會導致貨幣貶值並引發通膨。還好，要聯準會摧毀這些新貨幣也易如反掌，一如創造之時。

從2007年至2011年，聯準會利用量化寬鬆憑空注入2.7兆美元。實務上的操作，是向初級市場交易商銀行購入大量的債券和其他債務。這麼一來，各家銀行在聯邦準備系統裡的帳戶就有了大筆存款，額外的現金讓他們雙手滿滿。在此同時，聯準會也要承接它實際上不需要或不想要的債券。

處置創造出來的多餘貨幣

　　我們之前提到，當聯準會藉由公開市場操作向初級市場交易商購買債券時，會在這些交易中附帶附買回協議。當聯準會使用量化寬鬆為美國經濟體挹注額外貨幣時，就是使用相同的手法。當聯準會覺得太多現金到處流竄時，這些附買回協議幫忙把貨幣搬出經濟體、搬進銀行系統。附買回協議也讓聯準會可以處置自己創造出來的多餘貨幣。

　　且讓我們假設，在2008年金融危機最嚴重時，聯準會向身為初級市場交易商的葛根大同銀行買進了100億美元的債券，藉此創造了100億的貨幣。現在經濟體回歸平衡了，聯準會很擔心通貨膨脹。現在它希望從系統取走一些貨幣，因此決定要消除100億美元。於是聯準會通知葛根大同銀行，啟動購入100億美元債券的附買回協議。

　　請記住，葛根大同銀行是透過在聯準會的帳戶收錢的。之前聯準會收到債券，然後給了葛根大同銀行的帳戶100億美元的信用額度。現在，透過附買回協議，債券回到葛根大同銀行手上，聯準會則有幾個選擇。它可以從葛根大同銀行的帳戶中抽掉100億美元並移轉到他處，把這筆錢留在體系裡，或者，它也可以刪掉這筆錢。聯準會主席點了點「刪除」鍵，就這樣，這些錢就銷聲匿跡了。

這是很簡單的會計帳，很多家庭時時這麼做。比方說三隻小豬那一家，現在他們三個全都在卡斯伯特的住宅修繕公司裡任職。

卡斯伯特：嗨，攪家精，我今天看到一把吉他在拍賣。現在只要200元，之前是500元。你應該買下來。

攪家精：對，我也有看到拍賣。但我只有150元，而且，別忘了，你要到下個週末才會付我們薪水。

卡斯伯特：你上星期不是借給挖牆角50元嗎？不能叫他還你錢嗎？

攪家精：不行，他又見底了，就像平常一樣。他把所有的錢都花在那趟大西洋城旅遊上。

卡斯伯特：那你有沒有叫他至少寫個借據給你？

攪家精：有。但這張借據的價值還不如紙本身。

卡斯伯特：好，把那張借據拿來，我會叫銀行撥50元的信用給你的帳戶。但條件是你要在我要求的任何時候把借據買回去。

攪家精：酷！謝了，老弟。

通貨膨脹的風險

到目前為止，一切平淡無奇。卡斯伯特幫個忙，讓他哥哥輕

輕鬆鬆穩健投資自己發展中的音樂事業，攪家精則用這筆錢買下吉他，一如卡斯伯特的盤算。每一個人都很滿意，但只到接下來的這個週末為止。

卡斯伯特：嘿，你穿成這樣是要去哪裡？

攪家精：挖牆角要帶我去夜店玩。

卡斯伯特：夜店？你不是應該練習吉他嗎？我不喜歡你把你的時間和我的錢浪費在夜店裡。

攪家精：嘿，這是我賺的錢！我應該有權用我喜歡的方式花掉。

卡斯伯特：很公平。你喜歡的話，你大可以花天酒地花掉你的錢，但我要先討回我的錢。

攪家精：你說你的錢是什麼意思？

卡斯伯特：我指的是我用50元跟你交換挖牆角借據的那筆錢。你之前同意當我要求時你就把借據買回去。現在時候到了，夥伴，還我50元。

攪家精：可是我需要50元！挖牆角還要好幾個月才能還我錢，而且前提是他真的有還。我能不能用別的跟你換？

卡斯伯特：不行。我們已經講好了。你的薪水是一個月50元，不多不少。現在把錢還來。

對攪家精而言，那50元就這樣沒了。卡斯伯特也可以拿起他的名牌打火機，把這張鈔票燒了。攪家精想靠他哥哥拿到額外資金，唯一的方法是去找布拉茲老大，看他會不會決定買下另一張借據，同樣也是不負責任的挖牆角天女散花撒出來的。

卡斯伯特決定使用量化寬鬆解決攪家精的財務問題，因為他希望能達成某個目標。他希望哥哥用特定的方式花掉一定金額的錢。同樣的，聯準會之所以挹注一定數量的額外貨幣到各家銀行，是為了要達成特定目標：降低銀行的放款風險，並讓借款人的成本便宜一點，藉此打開借貸的僵局。但就像卡斯伯特發現多出來的錢鼓勵哥哥去從事他不樂見的行為，聯準會可能也會發現，銀行體系裡的超額現金會在經濟體裡助長為人不樂見的效應。亦即，通貨膨脹。

崛起的金融怪物

附買回協議，再加上聯準會有能力創造並消除貨幣，是威力無窮的工具，但這些貨幣政策機制並不像外科醫師的手術刀那樣細緻，而比較像是執法者的鈍器。聯準會把錢貸放出去，根據某些預定的目標讓現金在各銀行的帳戶裡流進流出，但這並不保證銀行都會按照聯準會的希望形式。以卡斯伯特和他二哥的情況來說，如果攪家精後來決定不買吉他，而是將這筆錢改花在音樂會

的門票上，卡斯伯特也無能為力。在聯準會執行完第一輪量化寬鬆（一般稱之為QE1）之後，這類狀況就在美國銀行體系中層出不窮。銀行滿手都是現金，但他們沒有把錢貸放出去，讓聯準會打錯了算盤，反而是坐擁金山銀山，把錢囤積在儲備帳戶裡，用這些錢讓自己的資產負債表好看一些。第一輪量化寬鬆失敗，這也是聯準會被迫執行第二輪量化寬鬆的理由所在，最後終於把將近3兆美元的超額貨幣注入美國金融體系當中。

　　無力促使銀行系統按預期行事，使得美國政府和聯準會備感挫折。這是聯準會力量有限的明證。但多數人認為這是一件好事。銀行能夠獨立運作，因此可以挫一挫聯準會的控制力道，正是政府影響力最自然的制衡力量。就像美國政府系統中的許多環節一樣，銀行系統內部設置的制衡機制，確保政府與民間得以共享力量。時機好時這套系統運作得很順暢，但這也意味著除非夥

伴們（也就是各銀行）完全與聯準會合作，不然這個美國的央行在調整搖搖晃晃的經濟體時也難有太多的著力點。但當經濟走下坡時，銀行很可能會先顧自己的利益，之後才會去關心別人。

現代有很多放款給個人與企業的機構根本不是銀行，這一點讓聯準會面對的問題更為複雜。這些一群實體機構有著奇特的名稱，比方說導管機構（conduit；譯註：這類公司將貸款證券化之後再出售股份）、特殊投資工具（Special Investment Vehicle）、特殊目的工具（Special Purpose Vehicle）、避險基金以及抵押債務債券等等。聯準會無法掌控這些奇特的金融怪物，多數人也難以一窺究竟，而且，在很多時候，它們也不受任何政府機構監督。如果你認為這聽起來很可疑，你不是唯一的一個；很多政治人物、監理人員與金融專業人員都認為這類機構很狡詐，甚至很危險。因此，他們給這些在金融系統裡屬於晦暗的一群一個很適當的統稱：影子銀行系統。

弔詭名稱

……人們並不了解 TARP、TALF、有毒資產、購買、附買回等等名詞。大家就是不懂。不管是你、是聯準會貝南克主席還是參議員努力要解釋清楚，對一般人來說聽起來仍像是外星文。這不是一種語言。這很難懂，一般人難以理解。

——蒙大拿州民主黨參議員麥斯·包克斯（Max Baucus）
2009年3月4日針對金融危機在參議院聽證會上的發言

Chapter 9

華爾街巫師們的神來一筆

消費性負債、證券化與影子銀行體系

有一句老話說，主宰經濟體與市場的情緒有兩種：恐懼與貪婪。多數人不喜歡冒險。保守的人遲遲不願聘用新人、不想採購新設備，對新投資避之唯恐不及，並把任何多餘的資金藏得好好的。

時機好時，貪婪是王道。人們眼看鄰居混得好，就想著自己也要稍微享受一下美好人生。他們會為了這樣的理由去血拼。但要下手買東西需要錢，如果這些人沒辦法靠自己賺到錢，就需要去借。對於渴望消費的人來說，幸運的是，社會已經發展出一個完整的借貸產業，以滿足人們的物質需求。如今我們幾乎什麼都可以用貸款買。信用卡幫我們買下衣服、食物，其他特殊性貸款則可幫我們上大學、買車、買船或買房子。借錢的不只是個人。企業界一向都在想辦法把更多的東西塞給我們。為了製造各式各樣人們想要的物品，為了開店銷售這些商品，企業也需要借錢；他們要借錢時有各式各樣的選擇。

風險轉嫁第三方

50年前，如果你是消費者，你想要買高價品，比方說一列火車或一架直昇機，而你去了銀行。當時銀行業很難做。其一，銀行業風險高：借款人很可能不還錢！其二，競爭激烈：市場上的貸款機構多，把利率壓得很低！更別提規範了：為了確保客戶的

存款安全無虞，政府部門制訂種種繁瑣的公文往來流程！光靠接受存款並貸出放款賺錢並不輕鬆，很難賺到大錢。

到了1980年代，銀行想要賺大錢：像投資銀行那樣，靠著各種以收取手續費為主的業務賺大錢。商業銀行開始自問，他們如何才能賺到這種手續費，而且又不用承擔風險。利息收入很不錯，但附帶的是永遠都不會消失的風險：借款人可能會違約。然而，若是賺取借款人最初申貸時支付的手續費，賺起來就全無半點風險。因此，放款人想要多賺點錢，方法之一是多多放款給借款人，收取手續費，然後把貸款賣給某個既不是借款人也非放款人的**第三方**。如此一來，違約風險就由新的貸款所有人承擔，原本的放款人只負責收取手續費落袋就走人。

另一種方法，是找來第三方擔保貸款。舉例來說，如果布拉茲的兒子要買車，融資公司可能會借他錢，但前提是銀行知道布拉茲保證一定會付利息，而且最後也會還債。

聯邦住宅管理局承擔風險

美國政府於1934年成立聯邦住宅管理局（Federal Housing Administration），同時制訂了貸款擔保流程。當時的政府想盡辦法，要刺激經濟大蕭條後仍步履維艱的美國經濟。房市看來是很好的目標：當人們買房置產時，通常也會多花錢買些入住新房要用的東西。花費可以為其他各種產業注入活水，小從屋頂建築工人，大至家電冰箱製造商。但那時買屋者很難貸到房貸。貸款很昂貴，銀行很擔心要承擔風險。

1934年，在華府某處辦公室，銀行家強納斯受邀和一位參議員哈利會晤。

參議員哈利：強納斯，感謝你從紐約遠道而來。

銀行家強納斯：小事一樁，哈利。我相信你一定會讓我花的時間值回票價。我就直說吧，你有什麼需要呢？要我捐助政治獻金嗎？

哈利：我們等會再來談這件事。我現在需要你以及你的華爾街同業們幫忙，請你們多多貸款。

強納斯：企業現在不太需要借那麼多錢，哈利。

哈利：我講的不是企業。我希望你們借錢給一般人，一

般的美國老百姓，讓他們有錢買房子。

強納斯：是喔。好讓他們違約繳交不出錢後一走了之？哈利，謝了，不必。我們都知道現在把賭注下在美國消費者身上風險太高。你去找其他呆子來扛這負重擔吧！

哈利：如果我們政府擔保貸款呢？

強納斯：你說擔保是什麼意思？

哈利：我是說，我們承諾會保障貸款，萬一借款人違約，就由我們付你錢。

強納斯：真的嗎？就這樣？

哈利：就這樣。我們要成立一個機構，名為聯邦住宅管理局。這個單位會擔保房貸，讓放款機構不致於被套牢。

強納斯：這是我來放款並列入我的帳上，但如果變成呆帳，政府就會接手？

哈利：正是如此。

強納斯：我收一開始的手續費，而且只要貸款還有效，我就可以收利息？

哈利：對。

強納斯：嗯，好吧。你希望得到什麼回報？

哈利：我只希望你放款給聯邦住宅管理局擔保的房貸，

強納斯，其他別無所求。

強納斯：嗯，那麼，我們成交了，參議員。

房利美

這一招有用。房屋自有率提高了，但還沒高到政府樂見的程度。問題在於，透過聯邦住宅管理局的貸款雖然可獲得擔保，但還是要計入銀行帳上，這表示銀行必須為此持有準備金。政府希望進一步拉高住宅自有率，也就是要鼓勵更多人借錢，因此，在1938年時想出一個新概念，設立一個機構正式名稱為**聯邦國民房貸公司**（Federal National Mortgage Association），一般稱之為**房利美**（Fannie Mae）。

這兩個人再度會晤，但這次地點在紐約。

強納斯：參議員，你執意要跑這麼遠，情況一定很糟。
　　　　有什麼麻煩？
哈利：嗯，強納斯，我需要你們這些華爾街的金融界人
　　　　士放出更多貸款。
強納斯：更多的貸款？我們只能真的應付這麼多了，你
　　　　知道的。

哈利：嗯，如果你們貸出更多款項後可以馬上賣掉，那怎麼樣？你會願意多放款嗎？

強納斯：嗯，當然，但哈利，沒人會去次級市場購買聯邦住宅管理局的貸款。你想要找的那種人根本不存在。

哈利：如果由聯邦政府買下來呢？

強納斯：政府？你開玩笑吧！

哈利：我從來沒這麼認真過。我們要設立一個新單位，叫聯邦國民房貸公司。這個機構會買進任何銀行貸放的聯邦住宅管理局房貸。

強納斯：說真的？你的意思是，政府會買下我借出去的每一個房貸？

哈利：每一個聯邦住宅管理局的房貸，對。

強納斯：嗯嗯。那我會損失利息收入。這不是好事。但我還是可以留著手續費？

哈利：那當然。

強納斯：有什麼圈套？

哈利：沒有圈套。只是你必須一直貸放聯邦住宅管理局擔保的房貸。

強納斯：聽起來很不錯，哈利。現在，來根雪茄吧！

房地美、吉利美

　　房利美有能力大量買下由聯邦住宅管理局擔保的房貸（後來由退伍軍人管理局〔Veterans Administration〕、也就是現在的退伍軍人事務部〔Department of Veterans Affairs〕擔保），意味著只要美國人民想要，銀行就能不斷放款。政府擔保，意味著這些貸款的利率極低，也表示消費者將對此趨之若鶩。銀行超愛這種業務，他們可以核可貸款後收取手續費，之後馬上賣給房利美。

　　房利美對於美國政府來說也是好幫手：政府樂見住宅自有率穩穩攀高。但這樣的系統有併發症。房利美本質上是政府機構，這代表它買下的所有貸款最後會變成聯邦預算的大赤字。因此，1968年時，美國政府把房利美變成一家上市公司（當然，前提是確定政府的投資仍占大多數），把所有的負債從聯邦政府的資產負債表上挪走。兩年後，政府又創設了另一家房利美的姊妹（或說兄弟也行）公司，正式名稱為**聯邦住宅貸款公司（Federal Home Loan Mortgage Corporation）**，一般稱之為**房地美（Freddie Mae）**。房地美也是一家上市公司，同樣的，美國政府持有該公司極高比例的股份。本來的想法是讓房利美在房貸市場有競爭者，好繼續壓低利率。

　　美國政府並不希望完全退出貸款擔保業務。它擔心的是，如果房地美和房利美出事，房貸市場就沒別人支撐了。於是，

當聯邦政府讓房利美上市時，又創立了**美國政府國民房貸公司**（Government National Mortgage Association）。這個一般人口中的**吉利美**（Ginnie Mae），完全聚焦在支援退伍軍人管理局與聯邦住宅管理局背書的房貸，以及**農民住宅管理局**（Farmers Home Administration）的擔保房貸。但吉利美透過不同的方式支撐房貸市場。吉利美不只是仿效房利美買賣房貸而已，該公司的經營者還想出了一個新主意，叫**證券化**（securitization）。

吉利美信託證券化

吉利美：早啊，葛根大同銀行的夥伴。謝謝你今天從華爾街趕過來。

葛根大同銀行：吉利美的朋友，我衷心盼望這一趟旅程有價值。

吉利美：放輕鬆，葛根大同銀行的夥伴，我想你會喜歡的。我聽說你上個月貸出一千件房貸案。我希望你繼續持有。

葛根大同銀行：什麼？這些貸款總值有兩千萬美元耶！我們之前講好要賣給房利美的，現在變卦了嗎？

吉利美：我們在嘗試不同的作法。我希望你不要賣出，

而是把這些房貸聚集在一個獨立的信託裡。當借款人支付利息時，每個月這個房貸池就能創造大筆的現金收入。

葛根大同銀行：好；然後呢？

吉利美：這麼一來，這個信託看起來就像是一般的企業一樣。比方說，一家製鞋公司會買進皮革和橡膠、製作鞋子，然後出售成品以賺取利息。原物料從一邊進來，現金從另一邊生出來。這個信託也一樣，差別在於現在的原物料是房貸。房貸從一邊進來，現金從另一邊生出來。

葛根大同銀行：差別在於一般的企業有投資人，這些人會出借必要的資金，讓企業去購買原物料。現在我是這個信託的唯一投資人，而且也沒有能力買下這麼多房貸！

吉利美：我知道，也因此我希望你出去找些人投資這個信託。要他們借兩千萬給這個信託，用這些資金來向你購買退伍軍人管理局以及其他單位擔保的房貸。信託就賣債券給投資人作為回報，有人支付任何利息或本金時，這些錢就會透過信託發給他們。

葛根大同銀行：讓我搞清楚。我要創設一個信託，招徠

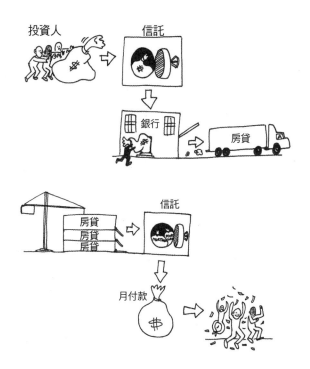

一些投資人。投資人借兩千萬給信託。
之後信託向我買下兩千萬的房貸。接下
來，信託會發行債券給投資人，並把房
貸賺到的利息付給投資人。

吉利美：正是如此。

葛根大同銀行：嗯，我覺得這樣應該行得通。我從放出
房貸當中收取手續費，然後把房貸出售
給信託，這樣的話貸款就不會留在我的

帳上。但信託這招沒用。沒人會買這些
債券。如果借款人有麻煩，付不出利
息，或者他們提早償還房貸，信託就沒
辦法付利息給債券持有人了。

吉利美：這時候就換我們出場了。我會擔保這些債券。
就算房貸池裡每一位借款人都違約，或者就算
他們每一個人都提早清償，我都承諾在債券尚
未到期前必會支付利息。

葛根大同銀行：我喜歡這招！只要你們提供擔保，信託
無論如何都繼續運作。這代表投資人會
繼續購入債券，而我也能不斷把房貸賣
給受託人。吉利美，你們真的是天才！
你們是怎麼說這套作法來著的？

吉利美：嗯，那些書呆子認為，基於這些信託都是在銷
售債券，而債券又是證券的一種，我們就稱之
為證券化。

葛根大同銀行：嗯嗯，證券化。聽起來有點拗口，但我
喜歡這個詞為整個產業添上神祕色彩。
算我一份。

投資人卻步不前

第一張房貸抵押證券（mortgage-backed security）出現在1970年，當時稱為**轉付（pass-through）**證券，因為房貸池中所有房貸的利息和本金都會直接轉付給債券持有人（當然會先扣除支付給經營信託人員的手續費）。房地美最早在這個概念上理出頭緒，1971年就推出該公司的第一張轉付房貸抵押證券。房利美觀望的時間較長，在1981年時首次使用這套技術。

證券化對房屋所有人、政府以及放出房貸的銀行來說都是一大利多。投資人卻沒那麼開心。

葛根大同銀行：我這邊是葛根大同銀行，麻煩你幫我接析易先生。

總機：馬上幫您接，先生。

析易：有何貴幹，葛根大同銀行的夥伴？我已經跟你的手下說過，我不會買你們那些沒用的轉付證券。

葛根大同銀行：析易先生，我——

析易：這些東西根本賺不到什麼報酬。我跟小孩打撲克牌還賺得比較多。等你可以提供利率不錯的債券時，再過來跟我聊聊。

對許多投資人而言，轉付房貸抵押證券的獲利性不夠高。債券有擔保，因此房貸抵押證券風險很低，但低風險也意味著低報酬。想要靠投資大賺一筆的積極型投資人，才不會在房貸市場做這類交易。因此他們對房貸抵押證券嗤之以鼻。而這一點也讓華爾街裡聰明的男男女女認真思考。

葛根大同銀行：如果我們用證券化的手法來操作一般的
　　　　　　　　私人房貸，你覺得怎麼樣？

析易：政府不擔保？

葛根大同銀行：不。不擔保房貸，也不擔保債券。

析易：你不可能成功的。一定會有些借款人提早清償帶
　　　房貸，也一定會有些人違約。這些房貸沒了擔
　　　保，你能付給投資人的收益就少了。如果債券有
　　　擔保那還沒關係，但這也沒了。對像我這樣的投
　　　資人來說風險太高。我會想要拿到高利率，以補
　　　償我承受的高風險。但你就是沒辦法每個月都付
　　　給我以及其他人這麼多錢。

葛根大同銀行：如果我付你更多錢呢？

析易：別扯了！我已經說過這不可能了。但我會聽你說
　　　說看。

葛根大同銀行：如果我可以讓不同的投資人承受不同的

風險水準呢？你承擔高風險，那你就拿
高於平均水準的利息。你承受低風險，
你就拿低於平均的利息收入。這就好像
購買奇異公司發行的債券一樣。

擔保房貸憑證

對華爾街來說，上述的發展是自然而然的下一步。在和葛根大同銀行的對話當中，吉利美將組成房貸抵押債券的房貸池比擬做一家公司。兩者都接受投資人的資金，兩者都將賺來的利潤回過頭付給投資人。但就像葛根大同銀行對析易先生點出的，很多企業的投資人都不只一類。就像我們在第三章中看到的，許多企業都有多重級別的投資人。在位階上優先權高的放款人，放款期間短並且會先受償，因此承受極低的風險，得到的報酬也最低。下一級的債券持有人出借資金的時間稍長，在位階上屬於第二順位，每個月都會收到錢。因為多承擔了一些風險，債券持有人也就能多收一點報酬。依此在位階上逐步下推，每一級的投資人出借資金的時間慢慢拉長，承擔的風險也漸漸增加，因此也獲得多一點的利益作為補償。

就像葛根大同銀行所指出的，何不用同樣的邏輯來處理房貸池呢？

兩家投資銀行，所羅門兄弟公司（Salomon Brothers）和第一波士頓公司（First Boston），一起合作試試看這個主意是否行得通。1983年時，他們替房地美規劃了一種新的證券化，提供各種以某個私人房貸池為基準的債券。每一級的債券都有不同的期間與不同的利率。就像企業裡的狀況一樣，最安全、時間最短的投資在最上方，風險最高、時間最長的投資在最下方。這是一種變形的房貸抵押證券，所以需要取一個新名字，他們稱之為**擔保房貸憑證（collateralized mortgage obligation）**。

　　把擔保房貸憑證想成一個由玻璃杯排起來的金字塔，在一個銀色的托盤上堆成好幾層，或許有助於了解這種產品。每一層代表一個層級的投資人，位階最高的債券持有人在最上方，中間的是中層的債券持有人，或稱為**夾層（mezzanine）**債權投資人，順位最低的債券投資人則在底部。托盤則是權益持有人。

　　現在我們要開香檳了。這瓶香檳就是那些綁在一起經過組合的房貸。每個月底時，所有房貸借款人都要支付利息，現金開始流動了，就像香檳從瓶子裡倒出來一樣。香檳流過整個杯塔，先滿足了最上層的債券持有人，然後是中間的夾層，然後是底層，最後就流到銀托盤上。這種情形月復一月發生。

資產抵押證券

　　如果有些房貸借款人手頭緊付不出利息，或者他們提早清償或重新申貸其他房貸，從房貸池能創造的收益就少了，在杯塔中流動的錢也跟著變少。最上層的很可能還是能裝滿，也就是說這些債券持有人還是能收到錢，中間的夾層或許也可以。但下層放款人以及權益投資人的口袋很可能就空空如也。就是基於這個理由，所以次順位的債券持有者拿到的利息最高，付給最優先放款者的利息最低。

　　擔保房貸憑證是神來一筆。這種產品中可有各種不同的風險水準與投資期間，因此可以打動更多投資人。保守型的銀行購買能創造小額、穩定且十分確定收益的債券，而投機者則可以用債券投資賭一筆大的，希望每個月都能拿到豐厚的報酬。

　　在不斷東試西試之下，就把精靈從神燈裡放出來了。放款人發現，只要每個月都創造現金流或穩定收益的，不管是什麼，都

可以用證券化的手法包裝。不管是房貸、飛機租賃、助學貸款還是書籍版稅，只要有現金流，就可以稱之為資產，這表示，都可以變成所謂的**資產抵押證券（asset-backed security，簡稱ABS）**。1985年，海豐銀行（Marine Midland Bank）推出汽車貸款證券化。隔年，一銀行（Bank One）把一個由信用卡應收帳款組成的資產池加以證券化。很快的，各家銀行都以企業債券和貸款來組合成**證券化工具（vehicle）**，特別值得注意的是，這些貸款很多都是槓桿收購交易中的一部分。

透過證券化分散投資

不論資產抵押債券的擔保品是私人信用卡的應收帳款還是企

業貸款，證券化一次都在處理好幾個問題。

　　證券化使得投資人很簡單就能佈局多個的金融領域。如今，一位投資人可以把錢拿去投資房貸、信用卡與車貸，不再僅限於專注於單一領域。投資人喜歡可以透過證券化分散投資的想法，因此他們會要求多多推出這類債券。

　　對債券的需求，回過頭來又助長了投資人要求要有更多的車貸、房貸與信用卡，以組成證券化產品，這表示，銀行被迫要放出更多貸款。

　　忽然之間，要申請貸款變得容易了。對於美國經濟來說，這也是個好消息。從消費面向來看，輕鬆核貸使得一般人很方便拿到錢採購產品與服務，數量之大，是企業界前所未見。收入使企業得以成長壯大，聘用更多人力，而這些人之後又創造出更多消費。從企業面來看，輕鬆核貸讓企業能拿到資金，讓他們能自由發揮，去實現過去僅能夢想的願景。現在他們可以擴大營業，進軍其他國家，為自家產品創造新市場，甚至買下競爭對手。

　　我們之前提過，銀行在帳目上每持有一筆貸款，就必須保留一部分資金作為準備，在過去，這樣的規定限制了銀行能放出的貸款數目。銀行也會謹慎調查他們的貸放對象；然而，要提撥準備金的前提是他們持有貸款。如果有一筆貸款借款人違約，銀行就會損失，因此過去銀行多半只會借錢給很可能會還錢的人。但資產抵押證券如雨後春筍般冒出來，意味著如今銀行可以把他們貸放出去

煙霧測試

的每一筆貸款都脫手。銀行核貸以收取手續費,很多時候,他們也會想辦法去收取貸款的利息(這是替資產抵押證券提供的服務,當然也要收手續費)。但在銀行的會計帳上並沒有這些貸款。這麼一來,銀行不僅挪出了幾十億的準備金可用於借貸,也表示他們不用太擔心借款人無力支付貸款利息的可能性了。

借款人也有等級之分

在1990年代末期、2000年代初期,銀行樂不可支,因為他們賺了很多錢,又不需要承擔太多的長期風險。美國的消費者和企業也樂呵呵,因為經濟體系裡的資金更多,再加上銀行漸不關心信用品質,讓他們更輕鬆就能借到錢。但最高興的還是投資人。資產抵押證券,不管抵押標的是房貸、企業債券還是助學貸款,獲利都很驚人。當時美國經濟成長快速,失業率不斷下降,收入

也節節高漲。投資人注意到多數人都付得起利息，企業與一般人的**違約率**都非常、非常低。很多人認為，資產抵押證券就算賣出風險等級最高的債券，風險也不像表面上看來這麼高。因此，他們不斷地要。

　　放款人也樂於成為推手。隨著1990年代慢慢過去，銀行也不斷貸放出房貸、車貸與信用卡，給20年前根本沒資格申請貸款的人們。這類借款人通常都要為貸款付出極高的利率；利率反映的便是他們可能無法償付款項的機率。但買入房貸或車貸抵押債券的投資人對貸款品質毫不為意：需要還錢的借款人愈多，債券收到的利息收入就愈高，就有愈多現金落入他們的口袋。

　　金融從業人員會用一些代碼來描述某些類型的借款人。很可能付得起貸款利息、也有能力償還貸款的人，稱為**頂級借款人**（prime borrower）。這個詞有沒有聽起來像是在說牛肉？嗯，如果你買過牛排的話，你就會知道頂級牛排有著漂亮的油花紋

美國農業部
認證頂級牛肉

路。這種肉富含脂肪，經過烹調後的牛排吃起來鮮美多汁，易切易食。同樣的道理用在借款人身上也通。借款人「愈肥」、或者說愈富有，就愈容易應付。頂級借款人會定期付款，而且也會償還本金。就算時機艱難，他們也會有存糧，可以拿來繼續償付貸款，或者說讓他們的債務**仍然有效（stay current）**。在銀行家眼中，頂級借款人就跟頂級牛排一樣，多汁而鮮美。手頭拮据的借款人，少有甚至沒有儲備資金的借款人，就沒這麼好了。小小的挫折可能會造成嚴重衝擊，影響這類手頭窘迫借款人維繫債務效力的能力。那些最一窮二白的借款人，那些最不可能持續維持債務有效的借款人，被稱為**次級借款人（subprime borrower）**。

債券二度證券化

在2000年代初期，借給這類次級貸款人的債務金額高到前所未見的地步，他們申請信用卡、買車、買船，當然也買房子。現在我們知道了，當時很多放款人完全不要求提供擔保品，甚至連收入證明也免附，就把房貸放給這些人。這類房貸也被稱為**次級房貸（subprime）**，跟很可能還不出錢的借款人屬同一類，但這類貸款就和其他的債務一樣，也被納入組合，構成證券化工具。放款人不在乎借款人是誰，反正他們就把這類房貸賣給證券化信託就對了。如果借款人違約，也不會是放款人的問題。

　　信託也不認為這是他們的問題。當時美國經濟蓬勃發展，付得出錢的次級借款人還夠多，可以把錢分給購買證券化工具中各種債券的多數投資人。在杯塔中的多數杯子都裝滿了，就和過去一樣。這些債券的績效很好，有些開創性更高的金融從業人員決定把這些債券集結起來，二度證券化！他們把這些新的投資工具稱為**擔保債權憑證（CDO）**，在推銷時則宣稱這類投資工具絕對安全。

　　優秀的金融人員不會僅聽其他同業說的場面話，單從表面來看投資標的；他們也絕對不相信絕對安全這種事。優秀的金融人員會從事所謂的**實質審查（due diligence）**，這表示不論投資標的是企業或是一群貸款者，他們會掀開投資的神祕面紗，四處查探標的本質，也會確認自己並未涉及風險太高的投資。但實質審查是苦工，過去有太多金融從業人員都太忙或者太懶惰，因此沒有這麼做。反之，他們都仰賴**評等（rating）**。

搖
搖

信用評等機構崛起

　　信用評等機構是私人機構，他們研究企業的資產負債表，之後對該公司的績效發表意見。企業不一定要接受評等，但如果沒有評等，就很難找到投資人。這就有點像是要在銀行家手下找工作一樣。你不一定要取得企管碩士的學位，但如果你沒有，就很難在這個領域找到好工作。明智的投資者就好像負責招聘的人一樣，後者會以應徵者的學歷作為指引，但在聘用之前也會謹慎面試，而後者也是以企業的評等作為指標，但在要投入任何資金之

該相信時才相信

　　2007 年 10 月 31 日，一位名為梅若狄絲‧惠特妮（Meredith Whitney）的股票分析師震撼了銀行界，她提出一份報告，說到美國規模最大銀行之一的花旗集團（Citigroup）有太多的房貸呆帳，賺到的錢剛好足以支應營運而已。

　　這個說法看起來很荒謬。三大信用評等機構以及最出色的投資銀行分析師全都替花旗背書。這家銀行堅稱他們賺了很多錢，惠特妮的說法大錯特錯。

　　但惠特妮是對的。她無視於同業，深入挖掘花旗的資產負債表，以清明、嚴謹的眼光仔細研究銀行的營運。其他分析師也因此趕忙多費點力氣去做該做的實質審查。很多人調降花旗的評等，一星期之後，花旗銀行的執行長辭職。

前也會自己先做功課。

從另一方面來看，評等和畢業證書也有異曲同工之妙。學生要付學費給大學才能拿到學位，企業也要付錢給評等機構才能拿到評等。而且也像大學體系裡各大專院校會爭著把學生搶進門一樣，評等機構之間競爭也十分激烈，各家都爭著要評判美國企業。唯一的差別是，正式的評等機構只有三家（惠譽信評公司〔Fitch Ratings〕、穆迪投資人服務公司〔Moody's Investors Services〕以及標準普爾），競爭更是白熱化。這裡的風險是，信評機構可能會受到誘惑，對某一家公司的評等慷慨大放送以換得該公司的業務。而公司可能也會受到誘惑，在這三家機構間挑來挑去，找最有利的評等。

到處比較稱為**評等套利**（**rating arbitrage**），2000年代初期時，證券化領域裡經常發生這種事。創造出擔保房貸憑證、擔保債權憑證等各種資產擔保債券的機構，有些就利用評等套利為自家的憑證取得最漂亮的評等。有時候信評機構屈服於利益，給這

些擔保債權憑證有利的評等；有些時候他們是出於嚴重錯誤的假設，誤判了擔保債權憑證的構成以及績效表現。但許多投資人仍盲目信任評等。

要不了多久，銀行的地位就被超越了，再也不是推助經濟成長引擎的鏟煤長了。過去，銀行的投資人會提出要求，鼓勵銀行多多放款。如今，提出同樣要求的是證券化投資工具的投資人。政府一向審慎監督銀行，導致多數銀行的行事作風相當保守。多數的銀行也深感不安，不願承作資產抵押債券投資人期望的高風險貸款。因此，市場上出現落差。一群新的放款人趁勢群起，想要彌補這段落差。

影子銀行出現

新興的放款機構自稱為影子銀行。這些銀行不接受存款，不付利息，在大街上也沒有分行。很多單位連個實際的地址也沒有，甚至也沒有電話。有些影子銀行有聽起來好像很耳熟的名稱，比方說投資銀行、貨幣市場基金或避險基金，有的則用冷僻的名號，比方說結構性投資工具（Structured Investment Vehicle）或導管機構。這些機構能和「銀行」搆上邊的部分，就只有他們同樣也是媒介兩方的中介機構：一邊是想要投入新興投資工具的投資人，他們想的是要賺到投資標的所承諾的厚利；另一邊是借款

> 同業稱它為「影子銀行體系」，因為它躲藏了很多年，是規範
> 管不到之處，但又可以自由地以神奇、神祕的方法創造並包括
> 次級房貸，當中的手法只有華爾街的巫師們才能說清楚。
>
> ——太平洋投資管理公司（Pimco）主管比爾‧葛洛斯（Bill Gross）

人，只要有人願意掏錢借出，他們就願意借入。

　　在2007年之前，影子銀行體系貸放的貸款已經超過10兆美元，在美國整個金融體系創造出的負債中占半數以上。雖然影子銀行佔據了銀行業，但多數的美國人民仍看不到他們的營運，大部分的政府機構也一樣。在大眾無法察覺的條件下，影子銀行的營運有許多絕佳優勢，這表示不會有消費者來干預，不會有客訴電話，也不會有媒體窺探。更大的好處是，政府也看不見。督導銀行並要求銀行遵守規則的監督體系，過去幾年一直慢慢退縮，

規範機構則根本跟不上銀行業的發展腳步。即便這一群新興的放款機構成長到規模大過於銀行，他們的營運幾乎完全不受法規架構控管。2007年時，美國的每一家銀行都需要向一個規範機構報告，有些甚至要和好幾家報告。但這些新一代的放款機構，貸放了美國一半的貸款，多數卻無需向任何人報告。

消費負債苦果終將來臨

就算媒體和政治人物略有所聞，聽說華爾街陰暗小巷處發生了什麼事，他們也什麼都沒說。從2002年以來，負債可是動力引擎，帶動美國經濟的榮景，而影子銀行體系正是那個全身髒污的鏟煤工人，把燃料鏟進鍋爐裡。負債嘉惠每一個人：讓各行各業的人們得以買下豪宅，然後花掉信用卡額度，添購液晶電視及真皮躺椅好填滿這些大房子；讓企業隨時可以前一天跑到遠得要命的海角天涯設立營運單位，隔天又回來和鄰居閒聊；讓投資人可以搭上股市的多頭走勢，不到一年內利用資產擔保證券成為紙上富翁，身價從十億變成千億；讓政治人物可以誇耀選區內不斷豎起的建築，以及全美不斷下滑的失業率；讓總統可以自誇美國令人讚嘆的成長率，並宣告恐怖主義的力量也無法壓抑美國的生活方式。

偶爾有識之士會試著掃這場派對的興頭，陰沈地抱怨著信

用過度擴張，或銀行業缺乏規範，或金融體系的互相牽扯非常危險，但又少有人明白箇中道理。但多數美國人根本不知道這些老學究型的人物到底在嘮叨什麼。能理解這些警告的人則多數駁斥他們，說他們根本不懂真正自由且不受規範的市場帶來的益處。

　　但不幸的是，老學究是對的。負債，尤其是消費負債，是金融市場裡的鏟煤工鏟進去的燃煤，助長了1990到2007年美國經濟蓬勃成長引擎的運轉。但問題是，總得有人付錢。借款人長期玩起以債養債的遊戲，但帳單總有一天會到期，債務終究有人要償還。在2007年，帳單開始到期了，而且整個美國都是。

Chapter 10

貪婪宿命與浩劫重生

金融市場的衰敗與復興

丟 | 道瓊指數
彈起
投資人的錢

如今顯而易見的是，早在2008年金融危機之前，美國金融市場已經走向了災難。所有的要素當時均已備齊：不太可能還得出錢的人借了太多錢；參與金融市場的成員只受到輕度的規範，甚至沒有規範；信評機構無能；國會山莊的立法人員愚昧無知；放款機構的房貸部門很可能出現詐欺和貪污；全球各地各投資基金董事會任意輕信；銀行、投資銀行、基金受託人與消費者傲慢，很多人都被貪婪吞噬，相信自己永遠都能把錢貸放出去，也能借進來。

盛極而衰的循環

前述的情境全無任何新鮮之處。事實上，從研究金融體系崩盤的歷史學家眼中看來，一切都再熟悉不過了。在每一次的金融市場崩潰事件中，綜合成因裡總會出現以上一項或多項要

素，而且這條通則可回溯至1720年的南海公司泡沫。當時，是有人以詐欺的手段操弄股份，政府貪污腐敗，再加上不理性的傲慢，使得英國金融體系垮台。1819年，美國為了替戰爭募資而借貸無度，導致眾多銀行倒閉、市場崩潰。1825年，由於拉丁美洲企業裡（包括一些空頭公司）的投資人未善盡實質審查之責，

泡沫啊泡沫

市場崩壞通常都是泡沫破裂的直接後果。會出現泡沫，是因為某些東西價格遠遠高於其實際價值。到最後大家懂了其中的道理，縮手不買，泡沫就破滅了。

以荷蘭為例，從 1636 年的 11 月到 1937 年的 2 月 1 日間，一股熱潮拉高了鬱金香球莖的價格，從 50 荷蘭盾（guilder）漲到 5000 荷蘭盾。幾星期後，價格一落千丈，很多荷蘭人因此一文不名。

在 1990 年代末期的網路科技熱當中，投資人競逐購買根本沒賺錢而且沒有任何可營運業務規劃的公司。有一家名為布公司（boo.com）的英國網路成衣零售商，在 1998 年與 1999 年時募得 1.6 億美元。投資人的心血在 2005 年 5 月時化為烏有，因為這家公司倒閉了。

2000 年代中期，隨著美國人蜂湧購置房地產，將內華達州、佛羅里達州、加州與美國其他各州的房價推高至天價。有些人常常連房子都看沒到就買了好幾棟，很多地區的房價翻漲超過一倍。約莫到了 2007 年，實際的狀況慢慢浮現出來了，房價的變動軌跡如自由落體一般，股市很快也隨之下跌。

拖垮了英國的金融系統。在歐美兩邊，大致上每10年總會有一地出現一次金融市場大浩劫，這種情形一直到持續到堪稱重量級的金融市場崩潰為止：1929年的華爾街大崩壞。

1929金融大崩盤

就像2008年金融危機之前的狀況一般，1929年發生金融大崩盤之前的10年，美國也經歷了一段長期的多頭。1920年代，投資人（包括一般的美國老百姓）大舉借貸，把錢投進股市大買股票。銀行也把存戶的錢注入股市，股票市場屢創新高，年復一年攀登高峰，一直到1929年10月24日，市場崩盤了，股市的市值在一天內就蒸發了11％。兩天後，美國股市市值少了將進90％。

借貸無度、缺乏規範、無能無知、驕傲自負與貪得無厭，引發了這場崩盤。金融體系動盪不安，緊接而來的便是對銀行的人心惶惶，切斷了人們取得信貸的管道，鋪出一條通往大蕭條的毀滅之路。1929年金融體系崩解的餘波不斷衝擊美國金融界的同時，美國也在打地基，建設新的規範體制。政府決心要保障美國人民以及他們的錢。後來通過《1933年證券法案》（Securities Act of 1933），確保相關人士必須充分揭露股票和債券的相關資訊，《1933年銀行法案》（Banking Act of 1933）則意在防範銀行拿存戶的資金去投機，並有其他眾多規定。後續還有多項其他法案，在資本市場與銀行體

系周圍豎起了穩固的城牆。

　　以能否保護美國投資人的標準來看，這是一套非常成功的系統。在接下來50年裡，金融市場起起落落，但在1980年代末期之前，從未再度出現規模如1929年市場崩盤的嚴重挫折。然而，到了這時，局勢已經大不相同。就像我們在前面第6章提過的，科技在1980年代末期開始接手人類的工作，一大部分的金融業相關工作都委託給電腦。

1980機器的興起

　　在商業銀行業，銀行會使用電腦轉帳，把放款業務變得更輕鬆。在證券交易業，投資銀行與證券交易公司推崇電腦科技從事股票、證券與期貨等交易時更快速且更簡便，因此獲利潛力更高。投資人也在此時開始對交易機構造成壓力，買進、賣出的量更大，而且速度更快，也加速了走向電腦化的步伐。

　　一開始都很順利；在整個1980年代初期，隨著各個機構採用電腦得以進行更多的交易，債券、股票和期貨市場一片熱絡。但不是每一家投資公司都改弦易轍。還有大量的投資人仍偏好摸得到的紙本。使用電腦從事交易的公司，很多在結清交易時仍使用紙本。因此，雖然交易公司的前端使用速度如疾風的新機器完成許多業務，但倫敦、紐約、法蘭克福與東京等地各機構後端辦公

室職員仍然手沾墨水，處理紙本作業，被電腦買單和賣單創造出來的一堆堆文件淹沒。

在全球的銀行與金融公司裡，科技擁護派與懷疑派兩方不斷在辯證這個問題。鍾情於電腦的人主張，科技是絕佳的解決方案，可化解交易下單塞車愈來愈嚴重的問題。他們力主：更好、更快的機器可以讓系統更有效率。害怕科技的人則擔憂安全性的問題。他們提出警告，說電腦可能遭人駭入或是故障。而且電腦系統還是存在很多人為失誤空間：只要一根**粗手指（fat finger）**，眨眼之間10億美元就不見了；粗手指一詞，專門用來描述人為的輸入錯誤。

哎～咦～

親科技分子慢慢開始贏得勝利，投資銀行裡最保守的人也投降了。一方面，銀行與金融機構需要找到方法去解決短期文書堆積如山的問題，這一點已經開始影響到他們的企業了；多聘用人手成本高，而且也耗時。另一方面，他們也被說服了，相信電腦長期確實能讓整個市場更有效率，幫助他們賺進更多錢。電腦是

解決嚴重問題的快速解決方案，也有潛力帶來更多業務，雙重的吸引力讓銀行家完全失去戒心，不再擔心電腦在面對駭客、笨蛋和科技罪犯時極其脆弱。他們的理由是，支票、債券或銀行票據都可能偽造、遭竊或遺失；數位交易還比較容易追蹤，也比較容易稽核。

1986金融大爆炸

任何猶豫不決的人，都會被1986年10月27日之後發生的事件說服：當天英國政府更改了管理倫敦交易所的規定。第一，英國政府開放市場，容許銀行與外國進行交易。第二，倫敦交易所成為一個電子交易所。

倫敦金融區的所在地稱為倫敦市（London City），過去這裡的運作有點像是英國古老的私人男性俱樂部，只是變成了1980年

代版：得其門而入的只有一小撮的能交易證券企業，所有的交易都以面對面的方式進行。電子化新規則造成的效果，彷彿是把坦克車直接開進來，衝破俱樂部裡各扇桃花心木大門，後面跟著進來的，是一整個世界。現在幾乎誰都可以成為其中的一員了，根本不需要在這裡占到豪華皮椅才有資格從事業務。他們需要的，只是一張執照和一部電腦數據機。

金融從業人員把這次的變化稱為**大爆炸（Big Bang）**，這是因為這次的變化並非改變證券世界的型態，而是創造出全新的天地，一如大爆炸創造了宇宙（譯註：大爆炸理論為天體物理學對宇宙起源的推論，認為宇宙的形成始於一次大爆炸）。倫敦隨即成為全球金融首都，資金從全球各個角落湧進倫敦市，銀行與金融機構利用新的系統做成幾十億筆交易。但就像原始的大爆炸必須摧毀舊的才能創造新的一樣，倫敦的大爆炸也為市場帶來了一場浩劫。

藏在豪華天鵝絨簾幕後面的神祕金融世界，銀行與投資人努力調整，以便適應新的業務模式。很多銀行和機構還在追趕新趨勢，因此系統裡仍有紙本作業造成的瓶頸。此外，新電腦偶爾會過度負載，到某個程度後就無法快速地搓合投資人所下的買單和賣單。簡而言之，本來瓶頸只是有礙市場順利營運，但在轉換過渡期卻差點變成嚴重的大阻塞。

電腦程式也可能出錯

　　電腦的交易速度絕對比任何人腦都快，因此投資公司設計出可以對電腦下指令的程式，讓電腦知道何時該買何時該賣。自1980年代開始，所謂的**程式交易（program trading）**，有效地將許多人工作業外包給電腦。比方說，一位持有500萬股通用汽車股份的投資經理或許認為，這檔股票的合理價格應介於9美元到15美元之間。因此，他寫了一條程式，指示電腦當股價高於15美元時就賣出。如果股價跌至9美元以下呢？嗯，這便暗示著通用汽車公司很不對勁，發生了一些他可能不知道的事，因此他希望電腦在那時也賣出股票。

　　之後他就可以去喝下午茶了。

　　很聰明的招數，是吧？唯一的問題是，程式無法考量特別離譜的例外情況。假設有一位投資人突然間決定要大量拋售通用汽車的股票。他的理由或許是因為收到追繳保證金的通知，或者要償付賭債，或者是要拿這筆錢去支付他買在蘇格蘭的城堡貸款。因此他以每股8.9美元的價格出脫。也有可能，由於某個人犯了錯，因此這筆交易成立了。更有可能是某個人有根粗手指、在輸入時按錯了鍵！不論交易背後的理由為何，電腦都不在乎。電腦不會去查查新聞通訊社，不會撥個電話問問別人發生什麼事了，也不會打開電視。電腦就是做它該做的工作，根據寫好的程式行

235

事，把500萬股都賣了出去。

唉唷唷。

一筆交易通常不足以在市場裡吹皺一池春水。但一筆金額非常龐大的交易就另當別論了。當市場上有人買進賣出幾百萬股某家公司的股票時，就可以**撼動市場**，帶動該個股的股價大幅上下震盪。若售出500萬股通用汽車股票結果壓低了股價，低至其他電腦用程式訂出的門檻以下，別人的電腦也會開始賣出，接下來的情況你也猜到了，全世界的電腦都會開始拋售手中的通用汽車持股。剛剛那位投資經理人還來不及把糖加進茶裡，股價就已經跌到7美元，而且就像被拋出的石頭一樣繼續下跌。

SELL! 賣！

SELL! 賣！

SELL!! 賣！

這種俯衝式的下跌會引發各式各樣的漣漪效應。如果投資組合的價值跌落到某個限度以下，投資人可以用程式指示電腦賣出整個投資組合。如果一個投資人持有大量的通用汽車股票，股價下跌可能使他的投資組合價值腰斬，並觸動程式賣出他自己所有類股的股份。這樣一來，市場就有幾十種股票不斷下跌，忽然之間，整個股市都在暴跌。

236

1987黑色星期一

在1987年10月19日、也就是倫敦大爆炸即將屆滿一週年之時，就發生了這種事。交易員把這天稱為**黑色星期一（Black Monday）**。直到今天，沒有人確知到底是什麼原因觸動了拋售潮；在那個星期一早晨，香港先掀起風浪，效應逐步席捲全球。每一個金融中心都受到劇烈衝擊。想像一下以下的情境：你在摩天大樓的第100樓搭上電梯，發現電梯的速度比平常快很多。你很緊張，想要趕快按下第80層的按鍵，但你的人卻已經過了第75層。你現在擔心死了，用力戳了戳第50層樓的按鍵。又太晚了！你快瘋了，按下一個又一個按鍵，最後，你在第20層停了下來，全身濕透，渾身顫抖，你發誓，這輩子不會再踏進電梯一步。

在那一天，全球各地的投資組合遭遇的就是類似的情況；從東京到紐約，世界上每一個金融中心的交易所被交易員的買單和賣單淹沒。許多企業在這時還沒升級到完全電腦化的地步，系統

叮！

被紙本文件塞爆了，後端辦公室也因此無法快速地核可交易。在紐約，多筆交易是在超過1小時之後才執行。這表示，以為自己已經在某個價格賣出股票的投資人，事後才會發現實際成交價更低，損失也因此更慘重。

　　並非所有人都認同引發黑色星期一大崩盤的理由是程式交易，但在事件過後每一個人隨即心知肚明，科技在金融服務業裡大步邁進的腳步，再也不會回頭。當天的場景會是科幻小說作家最引以為傲的情節鋪陳：機器或許引發了問題，但也是唯一的解決方案。銀行家、投資人和規範單位得出結論，唯一的選項只有

改變局面

　　還記得第 1 章提過的量小、波動性就大的規則嗎？等到高頻率交易員（high-frequency trader）出場（譯註：高頻交易是指利用高速運算的電腦快速自動下單，在極短時間內雙向來回操作，由於持有時間短，利潤積少成多，而且風險極低），這條規則就不適用了。這些電腦可以像瘋了似的在市場裡來來回回操作，同時交易幾十億股份，就像我之前提過的，市場就好比跳舞廳，裡面滿滿是一對對跳著華爾滋的伴侶。然而，利用高頻交易時，這些成雙成對的都是機器人，可以用極快速的步調貼在一起跳舞，他們身上的感應器可以保證彼此之間絕對不會相撞，也不會碰到偶爾鼓起勇氣和他們一起下場跳舞的血肉之軀真人。高頻交易意味著市場以極大量在運作，同時也展現了極高的波動性。

全力以赴，揚棄傳統的面對面交易、握手為憑與紙本作業，而採用**電子式結算（electronic settlement）**，讓電腦接手許多原本由人類負責的功能與責任，包括前台與後台。

高頻交易一飛千里

　　在證券市場電腦化的發展過程中，電子清算與程式交易只能算是小孩最初的學步。在2000年代中期，主宰機器活動的電腦程式變得複雜異常，已經夠格冠上技術名稱：**演算法（algorithm）**。程式交易也換了個新名詞，叫**高頻交易**，利用這種超高速電腦化交易技術的公司，開始在市場上占大多數。

　　一瞥由500家美國公開上市公司組成的標準普爾指數走勢圖，便可看出引進電腦科技如何影響市場。自1957年設立指數以來，標準普爾五百指數都100點以下跳動，但自1980年代初期電腦科技開始取得主控權，再加上投資公司開始使用電腦運算法，交易

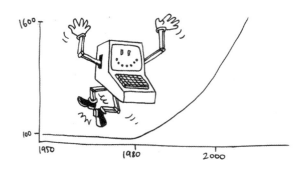

數量比起過去簡直是飛快成長，各家公司的價值同樣也開始一飛千里。隨著資金淹進股市，標準普爾五百指數的數值在1980年到1986年之間倍增，之後倍增再倍增，幾乎每6年就翻一倍，一直到2000年9月來到1520點為止。

科技自1980年代之後快速進步，受惠的不只有股市。債券與期貨市場也快速擴張，**當沖交易員（day trader）**人數大增，因為每一個人都急著想要分得一杯羹。隨著科技進步，電腦的使用率也大增，一般的美國人民也因此開始拿自己的錢賭一切能賭的走勢，從股價賭到利率。企業界也開始設立金融部門。比方說，奇異在1983年創立了一個部門，後來演變成奇異資本公司（General Electric Capital）。至於商業銀行，由於《1933年證券法案》禁止這類銀行大量從事買進股票與債券的業務，他們也開始遊說，要求在市場裡多插上幾腳。

1929年股市大崩盤之後制訂的精心規劃規範系統，完全成為眾矢之的。規範單位顯然準備不足，無法跟上市場裡科技發展的

規範

腳步，許多政治人物也少有誘因去約束金融服務業，畢竟這個產業對美國經濟可說是大有幫助。政府部門有些人則很好奇，想著如果市場完全不受規範限制，不知道會漲到何種程度。受到銀行與遊說團體的鼓舞，政治人物和規範機關開始解放系統。他們放鬆限制，准許商業銀行參與證券交易業務，直到1999年，美國政府撤銷《格拉斯—斯蒂格爾法案》的部分條文，正式允許證券公司、商業銀行、投資銀行與保險公司合併為集團。

銀行間各懷鬼胎

撤銷法案不過是做做樣子，美國好多銀行早就大量從事證券業務了。原為商業銀行的摩根大通（J.P. Morgan & Company），在整個1990年代都在發展投資銀行業務。美國銀行（Bank of America）經營自有的美國銀行證券（Banc of America Securities）部門，並在1997年買下券商羅伯森史蒂芬斯公司（Robertson Stephens）。花旗集團在1997年時買下旅行家集團（Traveler Group），其中也包括券

商所羅門美邦公司（Salomon Smith Barney）。德意志銀行（Deutsche Bank）1998年時買下一家名為銀行家信託銀行（Bankers Trust）的投資銀行，第一聯盟銀行（First Union）也在同年買下投資銀行BHC銀行（Bowel Hollowell Connor & Company）。1999年，其他銀行急著追上進度。美聯銀行（Wachovia）買下第一聯盟銀行，大通銀行（Chase Manhattan Bank）更是狂熱，買下了投資銀行漢奎公司（Hambrecht & Quist）、倫敦的工商銀行弗林明銀行（Flemings）以及投資銀行燈塔銀行（Beacon）。

從證券市場賺到大錢的商業銀行與投資銀行數量相對少，他們志得意滿，各家銀行總部的摩天大樓也開始占據華爾街的天際線。幾十年來這些銀行在華府花了好幾十億美元，說服政治人物在法規系統裡鑽出幾個漏洞；50多年來這套系統一直害他們綁手綁腳，但也保障了一般美國投資人。銀行花掉的錢，替他們買來到了大量的自由度。但，這並不表示銀行之間彼此信任。

　　情況恰恰相反：各家銀行之間根本各懷鬼胎。而且，他們想辦法要保護的只有自己。規範系統對他們來說少有用處。法規的目的，是為了要捍衛消費者，而非保障銀行不受同業傷害。因此各銀行開始打造非正式的安全網，這個網用的方法是保險，而不是法規。背後理論是，銀行應能夠從事任何他們想做的業務。如果他們搞砸了，那就倒閉，但如果他們夠聰明，可以使用保險來保護自己度過厄運期。

　　銀行業就這麼辦了。他們為債券、房貸、企業貸款與擔保債權憑證買了保險。但是這些保單並不是一般人所理解的保單，至少名稱就不一樣。我們在前面第4章中已經討論過了。這種保險稱為**信用違約交換（CDS）**。

信用違約交換

　　在一般人耳裡，信用違約交換聽起來像是黑魔法，但是其運作原理類似於和一般人不時購買的保險。從某方面來說，銀行就像一般的屋主一樣，會替房子、車庫、冰箱、小孩和一切能保險的標的購買保險。假設你是屋主，你去一家保險公司買保險，保障你家的屋頂和汽車。你也希望買個保險，萬一你家的狗被輾死或是你家的冰庫冷凍功能故障時有個保障，但保險公司不會讓你投保。有一天，你和你的鄰居在聊天。

泰瑞：今天天氣真好。

珍：大概是吧。

泰瑞：妳為什麼這麼無精打采？

珍：我想替我家的狗買保險。

泰瑞：妳家的狗？

珍：對，我很擔心牠會被撞死，但保險公司不願意讓我替牠投保。

泰瑞：嗯，牠是一隻很聰明的狗，也訓練得很好。妳也可以用一條鍊子把牠綁牢。我覺得這樣做之後風險就很低了。妳想要替牠投保多少保額？

珍：5000美元。

泰瑞：我可以讓妳投保。

珍：你？

泰瑞：當然，有何不可？妳每個月付我5美元，我讓妳的狗投保。如果牠在未來5年內任何時候被輾死，我付妳5000美元。

珍：哇！好啊！不過你告訴我，你拿著那把鋸子到底要幹嘛？

泰瑞：我很擔心我家院子裡的樹會倒在屋頂上。好可惜，我很愛那棵樹，樹蔭替我省了不少冷氣電費。但保險公司不讓我替屋頂投保樹木損毀險。

珍：那棵樹很健壯，也很年輕。我們這裡風也不大。你
　　希望投保金額多高的損毀險？

泰瑞：喔，大概1萬美元。

珍：如果你每個月付我10美元，萬一那棵樹在未來5年任
　　何時候壓壞你的屋頂，我就付你1萬美元。

泰瑞：妳說真的嗎？

珍：當然，有何不可？

　　銀行也是這麼做的。諸如AIG等保險公司很樂於為承保某些金融產品，出售信用違約交換保單，但不是全部。因此，銀行間便彼此承作信用違約交換。但他們不只針對自己擁有的產品進行信用違約交換，也利用信用違約交換在場邊下注，賭其他同業持有的貸款或債券會不會違約。在美國多數地方，針對運動比賽在場邊下注都是非法的，但在金融市場裡完全合法。法律並未規定一家銀行可以有多少份信用違約交換契約，因此各銀行簽訂了幾十億份的交換合約，總價值上看好幾兆美元。

各大銀行緊緊相連

　　信用交換合約就像是銀行的互相保險一樣。從一方面來說，銀行就好比是互相幫忙的登山客，大家一起透過這類保險契約保

障彼此的安全。登山客在爬山時會同心協力，大家綁著繩子一起爬上去，因此，如果有哪一位登山客在崖上滑倒了，團隊裡其他人加起來的重量和力量大可把摔跤的人拉起來，防止他落入深淵。在銀行界，不只用一條繩子把大家牢牢綁在一起，多不勝數的契約構成了一張關係蜘蛛網，讓華爾街的各大銀行緊緊相連。

一切大概順利運作了10年。商業銀行與投資銀行荷包都賺得飽飽的，規範系統中軟弱無力、監督不周的關卡是唯一的限制，銀行界以信用違約交換構成的龐雜廣大網路則提供了保障。他們變成金融世界的主宰，狂掃各種業務，並在全美各地壓制各個競爭對手。但，當這些銀行在表面上看起來開始變得一模一樣之際，有一項很重大的差異仍劃開了投資銀行和大型商業銀行。

大型商業銀行（包括花旗、大通、摩根大通、美國銀行與美聯銀行等等），同時也是**零售銀行**。零售銀行接受客戶的存款，並處理一般人的收付事宜。也因此，這些商業銀行受到的規範程

度遠高於投資銀行；在2000年代當時，投資銀行則包括高盛、瑞士信貸第一波士頓（Credit Suisse First Boston）、雷曼兄弟、貝爾斯登和摩根士丹利。商業銀行手握一般美國人民的存款，因此在承作每一筆貸款時都必須提撥較高的準備金。身為商業銀行的優勢，是較能獲得聯準會的貸款信用。一旦有任何問題，他們可以利用聯準會取得現金。而且，商業銀行的金庫裡也有一般散戶的存款。如果商業銀行旗下的資本市場業務發生任何偏差，這些存款就能發揮大型緩衝墊的功能。

投資銀行沒有這些餘裕。如果哪家投資銀行出狀況，聯準會沒有相關的機制供他們使用。這是他們所受規範較少必須付出的代價。在正常情況下，當一家投資銀行災難上身、需要現金時，就得和另外一家同業打交道尋求協助。

連結面臨挑戰

前面第7章討論過的銀行同業拆款市場，是銀行體系中負責輸送維生養分的活躍心臟。銀行放款給消費者和企業，同時也放款給同業。他們樂於從事這項業務，因為他們相信借給銀行同業通常來說是最安全的賭注。銀行同業拆款市場把維生資金從美國經濟體的中心（也就是聯準會）輸送出去，一路直達貸放網路的最末端，借給遠在阿拉斯加或夏威夷的當地銀行。

銀行同業拆款是銀行業務中很重要的部分。金融機構間彼此短期借貸，時限通常為一個星期或更短，或者，在隔夜拆款市場裡更僅出借短短幾個小時。銀行間的拆款市場流動性極高。不管

信用緊縮發酵狀況

擠壓（squeeze）

銀行同業拆款利率提高，銀行自然而然少向彼此借貸。這表示他們的資金流入減少了，而這又意味著他們能貸放出去的資金也跟著少了。能投資的資金變少了，換言之，能貸放給企業和消費者的貸款也就少了。

樽節（pinch）

當消費者發現愈來愈難借到錢，他們購買的東西就少了。少買車、少買房、少買衣服。

壓制（throttle）

現在，製造這些產品的企業就陷入麻煩了。一方面，他們從銷售面能賺到的錢變少了，另一方面，或許是因為利息太高或是銀行不願放款，他們也無法向銀行借到錢。

阻滯（choke）

資金流入量少了，企業能用於擴大規模、購置存貨與聘用新人的資本也少了。因此企業不再成長，開始縮減。企業裁員、收掉店面，並且暫停計畫。

緊縮（crunch）

於是經濟體開始停滯。

基於什麼理由，總是有銀行有多一點現金可以拿出來借，也總是有銀行需要周轉一下。這和人體的道理是一樣的，身體不同的部位在特定時候需要的血液量是不一樣的。跑步時我們的腿需要更多血液；思考時大腦需要多點血液；當我們氣憤地用智慧型手機敲簡訊時，大拇指就要消耗比較多的血液。透過金融體系輸送的資金就好像透過血管輸送的血球一樣，而且不管是人體或銀行，只要系統裡有哪一端的供應被切斷了，都會造成嚴重後果。

現代金融市場的任何人之前從未面臨過供應被切斷的狀況，但在2008年3月14日，貝爾斯登就嚐到了這股滋味。這家投資銀行在前一年夏天損失幾十億美元，原因是該銀行旗下有兩檔避險基金倒閉。自此之後，它就要拼了命才有辦法獲利。貝爾斯登這兩檔避險基金之所以會倒閉，主要理由是銀行在房貸抵押的擔保債權憑證交換上下了大注，而這些房貸最後根本一文不值。兩檔基金造成的損害還不足以拖垮貝爾斯登，但在系統上方的其他銀行開始緊張了。他們不光擔心貝爾斯登；他們全都買了很多擔保債權憑證，現在正要開始體驗這些投資將會造成多嚴重的損害。但當時沒人知道別人到底買了多少，也不知道究竟會受到多大的影響。

因此各家銀行開始對於隔夜拆款索取愈來愈高的利息，**信用緊縮**（**credit crunch**）也開始透過美國經濟體發酵。

危機逐漸擴散

美國人民花了一點時間才發現處境有多危險，但貝爾斯登馬上就知道自己麻煩大了。這家銀行仍小心翼翼地控制前一年夏天兩檔基金倒閉造成的損害。至於該行仍持有的其他擔保債權憑證投資，隨著愈來愈多美國人房貸違約（他們本來就不應該去申請這些貸款），損失也就愈來愈慘重。金融體系裡的其他銀行看著貝爾斯登的季報反映出損害，也開始躲著貝爾斯登，要求更高的利率與更多的擔保品才肯把錢借給這家身陷泥淖的銀行。貝爾斯登也自覺大勢已去，就好像有人慢慢地切斷其維生的血液供應一樣明顯。

就在3月14日，所有銀行完全不願拿錢出借了。

如果你切斷肢體的血流，馬上就會出現惡兆。肢體會關閉相關功能，一個接一個，很快地，整個身軀就完全停止運作了。但故事還沒完。身體會進入休克，肢體也開始受到感染。身體開始壞死並長出壞疽，如果你要防止感染擴散到身體其他部位，你只有兩個選擇：不是接受迅速且緊急的醫療照護，就是要截肢。

貝爾斯登的遭遇也如出一轍。當其他銀行拒絕再借錢，這家銀行的營運也開始出問題。由於借不到錢，因此也無法放款。這表示，貝爾斯登根本無法賺錢。這也意味著它付不出帳款了。貝爾斯登把資金從仍在運作的業務部門轉移到欠錢的業務部門。但

是它留有的現金根本是杯水車薪。

第二次經濟大蕭條發生在即

　　當貝爾斯登開始倒閉，便引發了恐慌。銀行家與規範機構有兩大憂心之處，兩者都會造成問題嚴重擴散。其一，違約信用交換契約網路把所有銀行綁在一起。想像一下華爾街所有的摩天大樓全都綁在一起，全都站在懸崖邊上，看起來像是一群凍僵了又怕急了的登山客，是多可怕的畫面。畢竟，當貝爾斯登開始傾斜朝著深處落下，所有的銀行也開始擔心自己精心策劃的信用違約交換保護網可能失效，是吧？貝爾斯登是一家大銀行，和系統裡的成員綁得很緊，如果一腳踩空掉了下去，可能會把某些或全部的其他銀行一起拉下去。解決方案是要拆開把大家緊緊綁死的連

結，但信用違約交換網路既複雜又密集，根本拆不開。有好幾個月，許多銀行都賭貝爾斯登會倒閉，如果真的倒閉，賭另一邊的銀行就必須拿出好幾十億。此外，如果貝爾斯登倒閉，該行投保證券每個月的保費要由誰來支付？它和其他銀行之間還做了其他賭注，相關的費用又該由誰買單呢？任何人，就連貝爾斯登的高階主管在內，都完全不知道這家銀行到底有多少負債。

第二種擴散恐懼和銀行同業間拆款系統有關。各家銀行開始看著彼此，猜想誰會是下一家貝爾斯登。隔夜拆款的利率飆漲，放款不斷緊縮又緊縮。當時的美國財政部長漢克·鮑森（Hank Paulson）與聯準會主席貝南克，很擔心各家銀行很快就完全不借錢給同業、很多銀行會接著倒閉、公司會破產、失業率會衝破高點、企業獲利會穿破低點。美國經濟將會逆轉，可能導致第二次的大蕭條。

阻止衰敗

貝南克和鮑森思考他們有哪些選項。他們的看法是，如果任憑貝爾斯登倒閉，不是拖垮整個系統，就是讓美國經濟停滯，兩者都讓人無法接受。這代表如今他們必須派出救援，施展非常手段以拯救這家銀行的命運。他們可以挹注貝爾斯登亟需的資金，挽救該行的命運，但這代表讓貝爾斯登逃過一劫，不用為愚蠢的

決策付出代價，也使得整個金融體系陷於險境。鮑森與貝南克不希望放手讓貝爾斯登倒閉，但也不能讓政府變成救星。此外，他們更不能讓貝爾斯登逃過懲罰。因此他們決定善用中間人。他們說服摩根大通銀行買下貝爾斯登，整合後納入摩根大通的營運。他們也借了300億美元給摩根大通，這是完成這筆交易必要的銀彈。貝爾斯登出現在華爾街已經有87載，但在3月16日這一天，這家銀行走入歷史。

市場鬆了一口氣。但事實真相已經無處可躲。系統裡的每一個人都很清楚，消費者借了太多錢，這都是銀行放任、甚至出手幫忙的結果。銀行借了太多錢，規範機關也睜一隻眼閉一隻眼就算了。系統裡的每個人都在房市下了重注，房市正是帶動經濟榮景的最重要火車頭。很多銀行和投資人也豪賭他們不了解的證券，現在這些證券都已經變成壁紙。

貝爾斯登的滅亡（或說獲救），並未阻止恐懼之癌在整個金融系統裡擴散。各家銀行仍謹慎地彼此觀望，猜想下一家會是誰。投資銀行看來最脆弱，因為他們不像商業銀行一樣握有存款，也不像商業銀行一樣能取用聯準會的資源。**雷曼兄弟**是其中最脆弱的一家投資銀行。

雷曼兄弟破產

一如貝爾斯登，雷曼兄弟也大量投入房貸抵押的擔保債權憑證，其中包括該行自行創造出來的擔保債權憑證。這家銀行在這些擔保債權憑證組合成的債券上慘虧，到了8月中，每一個人都可以從雷曼兄弟的季報中看出端倪，知道它就像6個月前的貝爾斯登一樣麻煩大了。

金融體系裡的其他銀行又開始退縮。雷曼兄弟銀行許多業務部門仍然很賺錢，但在此同時，下錯賭注的貸款相關證券害他們損失很多錢，其他部門一有獲利，也馬上蒸發。最後的結果是出現**流動性危機（liquidity crisis）**，意思就是指流入的資金不足以維持該銀行的運作。唯一讓這家銀行不致於倒閉的現金，是它在隔夜拆款市場向其他金融機構借來的錢。雷曼兄弟銀行對其他銀行

> 美國企業界大幅偏離正道，因為長久以來我們負責監督看管的人實際上並未限制經理人的權限。企業董事應該承受大部分的責難。但是稽核、律師、規範單位、立法者和投資者，以及其他應該捍衛紮實公司治理的傳統督導角色，也要分攤責任。他們把管理美國重要企業的重責大任委託到這些人手裡，卻沒能「看著這些天才」。
>
> ——先鋒集團（Vanguard Group）前任執行長約翰‧波格爾（John C. Bogle）提到恩隆與世界通訊（WorldCom）的醜聞時表達的上述的看法。波格爾在2005年時就寫下這段預言式的文字，比2008年開始發作的金融危機還早了3年。

表示，如果銀行同業間拆款的資源繼續開啟，資金持續流動，該行就可以透過出售部分業務來彌補損失，並重振其中獲利能力最強的業務線。但其他銀行相信雷曼兄弟銀行並不知道自己下的賭注有多大，也不知道這些賭注會造成多大的損害。把錢借給雷曼兄弟銀行這件事，忽然看來風險高到完全無法接受。因此，在9月14日那個週末過後，他們就把資金水龍頭給關了起來。

鮑森和貝南克再度面臨抉擇：是要拯救雷曼銀行，還是要斷尾求生。他們「拯救」了貝爾斯登，但擔心如果再對雷曼兄弟出手，其他銀行會去冒**道德風險**（moral hazard）；或者，換個方式來說，這些銀行會繼續冒著高風險，同時假設出事時政府會用安全網接住他們，救他們脫困。財政部長鮑森相信，道德風險將會毒害整個系統。他認為，銀行需要學到教訓，明白他們如果承擔

過高風險出了事，政府不會插手的。對雷曼兄弟來說，等於沒有救援車了。

這家公司在2008年9月15日申請破產。

掠奪大眾的荷包

到這個時候，股市已經跌跌不休了。貝爾斯登兩檔避險基金在2007年倒閉，讓華爾街各家銀行看到房貸市場的危險，他們也因此不再買進擔保債權憑證。此舉實際上等於讓影子銀行系統裡一大部分關門大吉，回過頭來拖慢證券化的速度，切斷消費者的信用，踩下經濟成長的煞車，並翻轉股市。雷曼兄弟銀行倒閉則讓市場和美國經濟陷入混亂。道瓊工業指數出現九一一恐怖攻擊以來的最大跌幅，暴跌500點，換算下來約有4.5％。在此同時，銀行同業拆款市場關上大門，這正是鮑森擔心讓貝爾斯登倒閉會發

……（2008年金融）危機並非天災，而是各種因素的綜合結果，包括高風險、複雜的金融產品；未揭露的利益衝突；規範機關、信評機構無能失當，以及市場本身無法控制華爾街的無度。

——「華爾街與金融風暴：剖析金融體系崩盤」，2011年4月13日美國參議院常設調查小組委員會（Wall Street and the Financial Crisis: Anatomy of a Financial Collapse," Permanent Subcommittee on Investigation, U.S. Senate, April 13, 2011）

生的後果。隨著雷曼兄弟銀行萬劫不復，華爾街其他同業也跟著被拖下水。一家接一家，金融機構紛紛倒閉或被接收：AIG、房利美、房地美、美聯、美林（Merrill Lynch）、華盛頓互惠公司。

貝南克與鮑森的觀點是，房貸是問題的根源。不負責任、貪得無厭的放款機構，貸放房貸給全美各地後知後覺或貪心貪婪人們；借款人付不出利息，房貸變得一文不值；房貸被組合包裝成擔保債務憑證，而擔保債權憑證組成的債券如今也差不多是廢紙一張，因為組合裡的房貸已經沒了價值。不良房貸與之後組成的有毒衍生金融商品（擔保債權憑證）就像病毒一樣，在全美肆虐，感染每一家金融機構，從規模最大的全國性銀行，到最小的省市退休基金，無一倖免。對鮑森和貝南克來說，遏止感染的唯一方法，就是馬上阻斷隔絕，並盡量把房貸和擔保債權憑證從各銀行的資產負債表上切開。

大者恆大

在雷曼兄弟銀行倒閉的幾週內，美國政府宣布成立**問題資產紓困方案（Troubled Asset Relief Program）**，提出一筆7000億美元的資金，向銀行買下有問題的負債。原本的構想是要**重新調整資本（recapitalize）**整頓各家銀行，注入資本的同時，也切除某些感染源。美國政府推出一系列用意在於鼓動銀行再度放款給企業與

消費者的方案，問題資產紓困方案只是第一炮。

　　貝南克與鮑森的努力顯然拯救了美國經濟，但是救援行動卻付出了高昂的代價。美國政府必須供應好幾兆的美元，讓整個美國背負沈重的債務，也使得美元面對極大的風險。而且不只是金融業付出代價。紓困行動證明了一件事，那就是有多家銀行規模已經太大，使得政府無法在不影響整個金融體系的前提下放手讓他們倒閉。換言之，道德風險已經制度化了。如果你大到不能倒，那麼當事情出差錯時，政府就必須拉你一把，那何不放心承擔風險呢？

有些政治人物信誓旦旦，再也不讓這些銀行大到不能倒。但已經太遲了。雷曼兄弟銀行倒閉之後，各家銀行規模不但沒有縮減，反而更大。美國銀行在2008年9月14日買下了美林。之前已經買下貝爾斯登的摩根大通，不到兩個星期又轉過身來，搶著買進華盛頓互惠公司。富國銀行（Wells Fargo）一個月之後買下了美聯。雷曼兄弟的倒閉幾乎毀了整個市場，但和這些華爾街新出現的巨獸相比之下，雷曼兄弟只能算是小妖精。在這些金融界的主宰當中，若有任何一家倒閉將如何重創美國經濟，人們只能去想像那會是多大的災難。

灑下復甦種子

這幅景象打動了很多政治人物與規範機構。民主黨參議員克里斯‧多德（Christ Dodd）和民主黨的眾議員巴尼‧法蘭克（Barney Frank）決定，他們要效法兩位同黨同志（參議員葛拉

規定

斯與史蒂格爾）在1930年代的作為。多德和法蘭克草擬立法，在2010年7月簽署成為法案，稱為**《華爾街改革與消費者保護法案》**（**Wall Street Reform and Consumer Protection Act，又稱為《多德─法蘭克法案》**）。支持者表示，本法案將引發自大蕭條以來最重大的金融規範變革。

本法案雄心勃勃，但1933年和2010年之間已經有很大差異。其一，美國已經有一套法規網絡，管制金融市場與銀行系統，這是1932年時所沒有的。美國的規範網或許像舊水桶一樣會滲會漏，而且監督不周，但確實存在。因此，很多人主張美國根本不

需要更多規定，只要好好管理現有的規範就夠了。

不見得每個人都認同這個觀點。有些人說美國需要新的規定，把讓市場改頭換面的重大科技進步納入考量。辯論的另一方所持的立場，則認為應該要減少規範。他們說，過度複雜的規範體系，必會為腐朽的機構與失當的作法提供掩護。有一小撮的人說，適當的落實規定應該可以把事情做好。

　　任何一方的論點都未完全在辯論中勝出。《多德—法蘭克法案》最終的版本將會比原提案者提出的更疲弱，但會比反對者預期的更強勢。然而，當文件的墨痕已乾、拍板定案之後，我們往後退一步，檢視整個金融體系，仍將會看到一個由法律規定管理的系統。我們不會見到自由放任的市場；在完全放任的市場裡，銀行可以玩弄客戶而不用擔心要承擔後果，或者，也可以隨心所欲地操弄系統，深信如果他們倒閉的話政府會伸手承接。由法律規範管理的系統不漂亮，也不完美。它仍有一些重大缺失，很可能也沒有能力應付下一次的危機，一如《1933年銀行法案》無法整備系統，以因應電腦化或財務金融奇特產物造成的效應。回顧歷史，我們可以幾乎百分之百準確預測的是，規範機構和政治人物將更志得意滿；銀行仍然可以擴張到過大的規模，而且以極端激進的方式行事。我們還是會讓自己陷入麻煩。我們會失足。我們很可能在經歷另一次崩盤。但在那之前，我們也已經種下復甦的種子。

跋

有市場就有規則

找個人來玩文字聯想的遊戲，拋出市場一詞，你的對手回答的很可能是蔬菜或水果這一類的答案。或者，也能是魚類海鮮！我們都很清楚什麼叫「市場」。我們知道市場是讓大家聚在一起買東西（或者賣東西）的地方。金融市場和本地魚市最大的差別，是前面這個市場買賣的產品不那麼為人所熟知。

揭開金融市場面紗

但構成金融市場的並非產品，而是從事買賣交易的人。少了人，市場就不存在。換言之，市場是人的結合體；市場是社群。無論在這些社群裡的人買的是黑線鱈魚、蘋果、債券還是信用違約交易，無論他們在交易場裡是面對面還是用電腦程式買賣，這些人都是在做對自己有利的生意。而光是參與市場，他們就幫大忙：讓大家來做生意的地方能維持下去；這對整個社群來說有益無害。

市場是社群，所以會訂定規則，就算這個市場僅是一群人在風吹呼呼的停車場進行後車廂大拍賣，也會有規則。但規則都很基本：不可販售贓物；不可販售有毒或有危害的物品；不可販售違禁品。除此之外，市場很自由。想要的話，你可以試著賣賣看腐臭的魚貨；或者長滿蟲的蘋果。但買家很可能發覺你的奸計，你什麼都賣不出去。

　　說到金融市場，情況就更巧妙複雜了。這並非因為金融市場本身更複雜；金融市場也是一群聚在一起買賣的人，跟魚市場一樣。但金融產品在兩方面有別於其他產品。其一，金融市場裡的買方可能並不熟悉待價而沽的產品。這有點像是一個英國人衝進一處位在新加坡的市場裡，想要買點東西：這種看起來很奇怪、長得像噴火龍一樣的水果是什麼？要怎麼吃？這種長得像卡通裡的恐龍蛋、聞起來臭不可當的果子又是什麼東西？在金融市場裡，產業的成長核心，便是發明只有創作者自己才懂得的產品。創作者在新產品周邊營造出一種精巧且神祕的氣氛，也替產品取了各種讓人訝異的怪名稱。透過這種方式，金融界業內人士得以靠金融產品在市場裡畫地為王，大言不慚主張他們交易產品賺得的高薪合情合理。

　　這便是本書的用意是要一一揭開金融市場的神祕面紗。只要當地人稍微指點，再加上一點教育，前述的英國人就能在新加坡市場裡找到自己的路，也能避免害自己肚子痛，同樣的，對金融產品有基本的了解，一般人就更容易親近金融市場。

建構合宜的金融市場

　　但金融產品之所以不同於蔬菜、水果和魚貨，還有另一個理由。買到腐臭的魚貨或是不熟悉的水果，你可能會病一陣子。

買到存心欺瞞的金融商品，最後可能害你的存款嚴重縮水，對你的人生造成的衝擊不會只有一、兩天。如果你是管理他人投資組合的銀行家，買到這類有毒的產品將會害你管理的客戶破產，毀了他們的人生。換言之，在金融產品上做出錯誤或不夠周延的決策，會引來強大的後座力，影響到很多人，也因此，政府會制訂這麼多規則來管理金融市場。關於到底應該制訂多少規則、規則應該管到哪種程度，總是眾說紛紜，也永遠無法達到「適當」的平衡。重點是，我們一開始要先辯證。有鑑於金融產品會造成的影響，如果放任金融市場自由運作，就像對待後車廂大拍賣一樣漫不經心，太過於危險。但在此同時，用繁瑣的公文規矩綁住市場也會造成抑制效果，使得市場生意難做。

想要在金融市場裡找出不多不少剛剛好的規範數量，要靠知識與理解。唯有解開市場的神祕面紗之後，才能得到必要的知識，才有辦法理解。我們看到金融市場的節節高漲如何傷害整體經濟；交易員與銀行家的高高在上如何在一國裡劃分出不同的階級。要預防這些損害，唯一的方法就是讓政治人物與選民都了解市場如何運作，以及那些手握控制機制並可按下開關扭轉局面的人實際上做了些什麼。一旦我們了解華爾街的人所施展的並非什麼難懂的黑魔法，就可以開始建構合宜的金融市場，讓所有人受惠而且不再帶來威脅。

跋

有市場就有規則

金融市場這樣比喻你就懂：
33 個神比喻，讓你讀懂金融市場的遊戲規則與陷阱
Man vs. Markets: Economics Explained (Plain and Simple)

作　　　者	派帝·赫希（Paddy Hirsch）
譯　　　者	吳書榆
特 約 編 輯	洪芷霆
封 面 設 計	巫麗雪
內 頁 排 版	陳姿秀、高巧怡
內 頁 插 畫	丹恩·阿契爾（Dan Archer）
行 銷 企 劃	蕭浩仰、江紫涓
行 銷 統 籌	駱漢琦
業 務 發 行	邱紹溢
責 任 編 輯	賴靜儀
總 編 輯	李亞南
出　　　版	漫遊者文化事業股份有限公司
地　　　址	台北市大同區重慶北路二段88號2樓之6
電　　　話	(02) 2715-2022
傳　　　真	(02) 2715-2021
服 務 信 箱	service@azothbooks.com
網 路 書 店	www.azothbooks.com
臉　　　書	www.facebook.com/azothbooks.read
發　　　行	大雁出版基地
地　　　址	新北市新店區北新路三段207-3號5樓
電　　　話	(02) 8913-1005
訂 單 傳 真	(02) 8913-1056
三 版 一 刷	2024年10月
定　　　價	台幣380元

Copyright © 2012 by Paddy Hirsch
Published in arrangement with The Fielding Agency, LLC.
through The Grayhawk Agency.

國家圖書館出版品預行編目 (CIP) 資料

金融市場這樣比喻你就懂：33 個神比喻，讓你讀
懂金融市場的遊戲規則與陷阱 / 派帝. 赫希(Paddy
Hirsch) 著 ; 吳書榆譯. -- 三版. -- 臺北市 : 漫遊者
文化事業股份有限公司出版 ; 新北市 : 大雁出版
基地發行, 2024.10
272 面 ; 14.8×21 公分
譯自 : Man vs. markets : economics explained
(plain and simple)
ISBN 978-626-409-005-6(平裝)
1.CST: 個人理財 2.CST: 投資
563　　　　　　　　　　　　　113013396

ISBN　978-626-409-005-6

漫遊，一種新的路上觀察學
www.azothbooks.com

漫遊者文化

大人的素養課，通往自由學習之路
www.ontheroad.today
遍路文化·線上課程

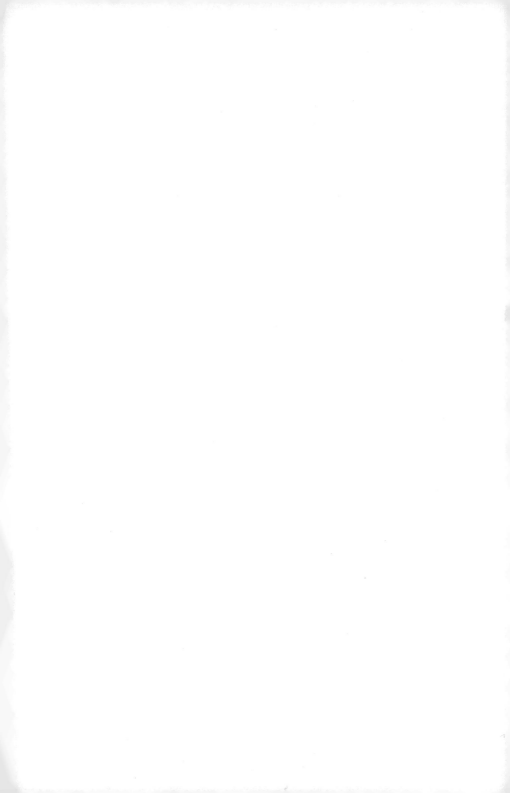